"十三五"高等职业教育汽车类专业"互联网+"创新教材

汽车机械
维修基础实训工作页

主　编　闫　军　张欢唱
副主编　吴志强　丁　艳　卢　强　付　宽
参　编　马　勇　闫寒乙　贾辰飞　关　斌
　　　　董　峰　范　翔　周　克　杨　锐

华中科技大学出版社
http://www.hustp.com
中国·武汉

内容简介

本书是中、高职汽车类专业的汽车机械维修基础教材的配套教材。本书围绕汽车机械维修基础教材的学习项目与实训任务，设计了与实训任务配套的实训工作页。工作页按照资讯、计划与决策、实施、检查与评估的方式编排，以方便教师进行实训课程设计与学生实训，体现了行动导向的课程改革理念。

本书可作为中、高职汽车类专业的汽车机械维修基础教材的配套实训指导书，也可作为汽车相关专业技术人员、管理人员、技术工人实践操作的参考书。

图书在版编目(CIP)数据

汽车机械维修基础实训工作页/闫军,张欢唱主编. —武汉:华中科技大学出版社,2018.9
ISBN 978-7-5680-4449-3

Ⅰ.①汽… Ⅱ.①闫… ②张… Ⅲ.①汽车-机械维修-高等学校-教材 Ⅳ.①U472.41

中国版本图书馆 CIP 数据核字(2018)第 214485 号

汽车机械维修基础实训工作页   闫　军　张欢唱　主编
Qiche Jixie Weixiu Jichu Shixun Gongzuoye

策划编辑：郑小羽	
责任编辑：段亚萍	
封面设计：孢　子	
责任监印：朱　玢	
出版发行：华中科技大学出版社(中国·武汉)	电话：(027)81321913
武汉市东湖新技术开发区华工科技园	邮编：430223
录　　排：武汉市洪山区佳年华文印部	
印　　刷：武汉科源印刷设计有限公司	
开　　本：787mm×1092mm　1/16	
印　　张：7	
字　　数：186千字	
版　　次：2018年9月第1版第1次印刷	
定　　价：25.00元	

本书若有印装质量问题，请向出版社营销中心调换
全国免费服务热线：400-6679-118　竭诚为您服务
版权所有　侵权必究

前言

为贯彻《教育部关于深化职业教育教学改革 全面提高人才培养质量的若干意见》(教职成〔2015〕6号)文件精神,有效开展实践性教学,加强专业课程的实训教学,编者在编写《汽车机械维修基础》教材的基础上,针对实训课程的设计、组织、开展、考核,编写了本书,以方便教师进行实训课程设计与学生实训。

本书紧紧围绕汽车机械维修基础课程的岗位认知与6S管理,手动工具及使用,汽车零件图、装配图识读,汽车常见机构,汽车常见液压系统,汽车典型零件与材料,汽车常见量具及测量,汽车维修手册的使用8个学习项目,共设计了26个实训项目的实训工作页。

本书的编写特点是:

(1)实训任务源于汽车售后、机械基础维修的典型工作任务,以增强实训指导书的实用价值,也使学生及早地融入汽车企业。

(2)以汽车机械原理及基础维修实际问题为任务,有针对性地培养学生对某一任务分析问题和解决问题的能力。

(3)内容由简单到复杂、由浅入深,循序渐进,符合职业院校学生的学习特点和认知规律,从而达到逐层深入的目的。

(4)实训工作页按照资讯、计划与决策、实施、检查与评估的方式编排,体现了"行动导向"的课程设计思想与"过程性考核"的课程考核理念。

本书由闫军、张欢唱担任主编,由吴志强、丁艳、卢强、付宽担任副主编,参加编写的有马勇、闫寒乙、贾辰飞、关斌、董峰、范翔、周克、杨锐。另外本书在编写的过程中,参阅了大量的书籍和资料,在此向原作者一并表示感谢!

由于编者水平和能力有限,书中难免存在不妥之处,恳请读者提出宝贵意见,欢迎大家交流(编者邮箱:417873638@qq.com)。

编 者
2018年7月

目录 MULU

任务 1.1　汽车服务企业岗位认知 …………………………………………………………（1）
任务 1.2　6S 现场管理与工作安全 …………………………………………………………（5）
任务 2.1　手动工具及使用 …………………………………………………………………（8）
任务 3.1　气缸盖粗糙度、平面度的检验 ……………………………………………………（12）
任务 3.2　零件图识读 ………………………………………………………………………（16）
任务 3.3　装配图识读 ………………………………………………………………………（20）
任务 4.1　电动雨刮结构认知 ………………………………………………………………（25）
任务 4.2　活塞连杆组认知 …………………………………………………………………（29）
任务 4.3　配气机构认知 ……………………………………………………………………（33）
任务 4.4　手动变速器认知 …………………………………………………………………（38）
任务 4.5　轴系基本认知 ……………………………………………………………………（44）
任务 5.1　液压系统基本认知 ………………………………………………………………（48）
任务 5.2　发动机润滑系统基本认知 ………………………………………………………（52）
任务 5.3　车辆制动系统中的液压系统基本认知 …………………………………………（56）
任务 5.4　液压转向助力系统基本认知 ……………………………………………………（60）
任务 5.5　液力变矩器基本认知 ……………………………………………………………（64）
任务 6.1　汽车典型钢材类零件 ……………………………………………………………（68）
任务 6.2　汽车典型铸铁类零件 ……………………………………………………………（72）
任务 6.3　汽车典型有色金属类零件 ………………………………………………………（76）
任务 6.4　标准件的测绘 ……………………………………………………………………（80）
任务 7.1　常用测量工具的使用 ……………………………………………………………（84）
任务 7.2　游标卡尺的使用 …………………………………………………………………（88）
任务 7.3　千分尺测量凸轮轴轴径 …………………………………………………………（92）
任务 7.4　百分表的使用 ……………………………………………………………………（96）
任务 8.1　维修手册的使用 …………………………………………………………………（101）

任务 1.1　汽车服务企业岗位认知

姓名		课时		班级	
实训场地		学生组号		日期	
任务目标	了解汽车4S店的服务内容；熟悉汽车服务企业的岗位设置与主要工作内容。				
任务描述	某同学刚到一家汽车4S店顶岗实习，领导要求其快速了解企业的职能，熟悉公司的岗位设置及各岗位的工作内容。				
实训设备					
资讯	一、填空题 1. 从1956年7月13日我国第一辆"＿＿＿＿＿"汽车诞生以来，汽车工业一直为国民经济的支柱产业，在国家实力成长、社会进步等方面发挥了重要作用。汽车后市场大体上可分为八大行业：＿＿＿＿＿、＿＿＿＿＿、＿＿＿＿＿、＿＿＿＿＿、＿＿＿＿＿、＿＿＿＿＿、＿＿＿＿＿、＿＿＿＿＿。 2. 汽车后市场主要有以下五大渠道：一是＿＿＿＿＿；二是＿＿＿＿＿；三是＿＿＿＿＿；四是＿＿＿＿＿；五是＿＿＿＿＿。 3. 汽车服务企业分为＿＿＿＿＿和＿＿＿＿＿。 4. 4S店采用一种以"＿＿＿＿＿"为核心的汽车特许经营模式，包括＿＿＿＿＿、＿＿＿＿＿、＿＿＿＿＿、＿＿＿＿＿等。 5. 4S店大多只针对一个厂家的系列车型，有厂家的系列培训和技术支持，对车的＿＿＿＿＿、＿＿＿＿＿和＿＿＿＿＿方面都非常专业，做到了"＿＿＿＿＿"。 6. 汽车4S店一般包括＿＿＿＿＿、＿＿＿＿＿、＿＿＿＿＿、＿＿＿＿＿、＿＿＿＿＿等部门。 7. 汽车销售顾问是指为客户提供顾问式的＿＿＿＿＿和＿＿＿＿＿的汽车销售服务人员。 8. 汽车销售顾问的工作范围实际上也就是从事汽车销售的工作，是以客户的需求和利益为出发点，向客户提供＿＿＿＿＿和＿＿＿＿＿。 9. 汽车服务顾问需要懂基本的汽车知识和常见的汽车故障，能灵活接待，对客户要有亲和力，取得客户的信任，然后熟练地学习掌握＿＿＿＿＿，学习＿＿＿＿＿、＿＿＿＿＿。要熟练掌握常用配件的＿＿＿＿＿以及安装＿＿＿＿＿，准确地报出估价，灵活沟通，让客户认可收费及售后服务工作。 10. 汽车市场专员为公司广告宣传活动提出有独创性的战略计划，参与媒体规划，收集＿＿＿＿＿和＿＿＿＿＿，以及负责本地区市场环境数据的＿＿＿＿＿、＿＿＿＿＿工作。				

11. 汽车机电维修技师是掌握＿＿＿＿＿、＿＿＿＿＿、＿＿＿＿＿、＿＿＿＿＿等专业知识，完成汽车＿＿＿＿＿、＿＿＿＿＿，＿＿＿＿＿，对汽车进行＿＿＿＿＿及＿＿＿＿＿维修的专业技师。

12. 汽车喷漆技师主要是在汽车金属车架、车身上完成损伤底面处理，＿＿＿＿＿、＿＿＿＿＿、＿＿＿＿＿、＿＿＿＿＿，即能完成＿＿＿＿＿、＿＿＿＿＿、＿＿＿＿＿等工作的专业技术人员。

二、写出下列工作人员所属岗位名称

名称：＿＿＿＿＿＿＿＿＿＿

名称：＿＿＿＿＿＿＿＿＿＿

名称：＿＿＿＿＿＿＿＿＿＿

名称：＿＿＿＿＿＿＿＿＿＿

资讯

计划与决策	实施计划	实施步骤					
		1. 2. 3. 4. 5. 6. 7. 8. 9. 10.					
	任务分工	职责	组长/记录	主操作	辅操作	仪器管理	6S管理	质检
		姓名						
	注意事项						

| 实施 | 1. 每组成员分别扮演不同岗位的工作人员,并到相应的工位上进行体验。 |
| | 2. 进入实训车间,按照6S标准找出不合格的地方,并用手机拍照记录,汇总后写出整改方案。 |

检查与评估	检查监督	□6S管理　　□分工合理　　□过程完整　　□操作规范 □数据正确　　□现场恢复　　□其他异常情况：			
	过程考核	过程考核评价	组长考核个人		
			A	B	C
		教师考核小组　A	90～100	80～89	70～79
		教师考核小组　B	80～89	70～79	60～69
		教师考核小组　C	70～79	60～69	不合格
		个人最终成绩：			
	实训小结				

— 4 —

任务 1.2 6S 现场管理与工作安全

姓名		课时		班级	
实训场地		学生组号		日期	
任务目标	能按照 6S 要求对机电维修岗位进行现场管理,养成良好的职业习惯与安全素养。					
任务描述	新入职的汽车售后服务人员,要求学习汽车服务行业 6S 管理理念,熟悉汽车维修工位设备、工具配置情况,完成工位整理,逐步养成整理、整顿、清扫、清洁、素养、安全的职业习惯。同时,要求进行企业安全教育,养成安全工作的意识与习惯。					
实训设备						
资讯	一、填空题 1. 6S 最早起源于_____。 2. 6S 包括_____、_____、_____、_____、_____、_____。 3. 三级安全教育是指_____、_____和岗位(工段、班组)安全教育。 4. 汽车维修车间使用的工具和设备有_____、_____和_____三类。 5. 喷漆时,先_____,确认_____,方可开始工作;工作结束时,先停止喷漆,后关风机。 6. 用气动或电动工具进行打磨、修整、喷砂或类似作业时,必须戴_____。 7. 清理电动工具在工作时所产生的切屑或碎片时,必须让电动工具_____,切勿在转动过程中用____或____去清理。 二、写出下列物品的名称及作用 名称:_____ 名称:_____ 作用:_____ 作用:_____					

资讯	名称：_____ 作用：_____	名称：_____ 作用：_____

计划与决策	实施计划	实施步骤
		1.
		2.
		3.
		4.
		5.
		6.
		7.
		8.
		9.
		10.

任务分工	职责	组长/记录	主操作	辅操作	仪器管理	6S管理	质检
	姓名						

注意事项	

实施

认识：

1. 安全防护用品有哪些？

2. 当我们进行喷漆作业时需要注意什么？做什么安全防护？

检查监督	☐6S 管理　　☐分工合理　　☐过程完整　　☐操作规范 ☐数据正确　　☐现场恢复　　☐其他异常情况：			
过程考核	过程考核评价		组长考核个人		
			A	B	C
	教师考核小组	A	90～100	80～89	70～79
		B	80～89	70～79	60～69
		C	70～79	60～69	不合格
	个人最终成绩：				
检查与评估	实训小结				

— 7 —

任务 2.1　手动工具及使用

姓名		课时		班级	
实训场地		学生组号		日期	
任务目标	了解套筒类、扳手、钳子、螺丝刀等手动工具的类型、功用、使用时的注意事项。				
任务描述	"工欲善其事，必先利其器"，作为一名新入职的汽车维修人员，常用手动工具是维修作业中最基本的劳动工具，掌握常用手动工具的作用、种类、特点、正确使用方法，并养成良好的使用习惯，是高效完成工作的重要保证。				
实训设备					
资讯	一、填空题 1. 套筒是汽车维修作业中最常用的工具，主要用来拆装螺母或螺栓，一般是_____，一端为_____，另一端为_____。 2. 套筒的公制型号就是对应螺栓或者螺母头部六面体对边的距离，单位为_____。 3. 套筒按照驱动方式不同可分为_____和_____。 4. 手动套筒通常由_____，外观为_____。气动套筒通常由_____，外观为____，强度更高。 5. 棘轮扳手全称为_____。 6. 两用扳手是把_____扳手与_____扳手结合起来，即一端为_____，一端为_____。 7. 活动扳手的使用方法：_____握住手柄并靠近固定钳口位置，用大拇指调制蜗轮，将钳口调整到与_____或_____的对边距离同宽，并使其贴紧，让扳手可动钳口承受推力，固定钳口承受拉力。 8. 扭力扳手的使用方法：根据工件所需扭矩值要求，确定_____。预设扭矩值时，将扳手手柄上的_____松开，同时_____，调节标尺_____和_____数值至所需扭矩值，调节好后，拧紧锁定环，调节手柄锁定。 9. 卡簧钳是一种用来装配簧环的专用工具，主要有_____、_____、_____和_____四种类型。 10. 大力钳的使用方法：_____。				

二、写出下列工具的名称及作用

名称：_____

作用：_____

名称：_____

作用：_____

名称：_____

作用：_____

名称：_____

作用：_____

名称：_____

作用：_____

名称：_____

作用：_____

名称：_____

作用：_____

名称：_____

作用：_____

名称：_____

作用：_____

名称：_____

作用：_____

资讯

计划与决策	实施计划	实施步骤					
		1.						
		2.						
		3.						
		4.						
		5.						
		6.						
		7.						
		8.						
		9.						
		10.						
	任务分工	职责	组长/记录	主操作	辅操作	仪器管理	6S管理	质检
		姓名						
	注意事项								

实施

1. 棘轮扳手分为几种？

2. 汽车常规维护保养时需要使用哪些工具？

3. 扳手类工具选用的顺序是什么？为什么？

检查监督	☐6S管理　　☐分工合理　　☐过程完整　　☐操作规范 ☐数据正确　　☐现场恢复　　☐其他异常情况：			
过程考核	过程考核评价	组长考核个人		
		A	B	C
	教师考核小组　A	90～100	80～89	70～79
	教师考核小组　B	80～89	70～79	60～69
	教师考核小组　C	70～79	60～69	不合格
	个人最终成绩：			

检查与评估

实训小结

— 11 —

任务 3.1　气缸盖粗糙度、平面度的检验

姓名		课时		班级	
实训场地		学生组号		日期	
任务目标		1. 掌握气缸盖表面粗糙度的检验步骤和检验方法； 2. 掌握气缸盖平面度的检验方法以及各种检验设备的使用。			
任务描述		小王在检修发动机时发现气缸盖和气缸体之间发生漏水、漏气、邻缸相互窜垫，必须检验气缸盖的粗糙度和平面度。			
实训设备		气缸盖、表面粗糙度样板、刀形平尺、水平尺、放大镜、表座、百分表			

资讯

一、填空题

1. 轴的基本偏差代号为_____～_____时，与基准孔形成间隙配合。
2. 孔和轴的公差带由_____决定大小，由_____决定位置。
3. 已知某基准孔的公差为 0.013，则它的下偏差为_____ mm，上偏差为_____ mm。
4. 在任意方向上，线的位置度公差带形状是_____，在给定的一个方向上，线的位置度公差带形状是_____。
5. 圆度和圆柱度公差等级有____级，其他注出形位公差项目的等级有_____。
6. 孔的最大实体尺寸即孔的_____极限尺寸，轴的最大实体尺寸为轴的_____极限尺寸。
7. 国标规定的表面粗糙度高度评定参数（名称和代号）有_____、_____、_____。
8. 根据泰勒原则，量规通规的工作面应是_____表面，止规的工作面应是_____表面。
9. 圆柱度和径向全跳动公差带的_____相同，_____不同。
10. 国家标准规定的优先、常用配合在孔、轴公差等级的选用上，采用"工艺等价原则"，公差等级高于 IT8 的孔一般与_____级的轴相配，低于 IT8 的孔一般和_____级的轴相配。
11. 孔、轴配合的最大过盈为 60 μm，配合公差为 40 μm，可以判断该配合属于_____配合。
12. 尺寸 φ80JS8，已知 IT8＝46 μm，则其最大极限尺寸是_____ mm，最小极限尺寸是_____ mm。
13. 国标按螺纹公差等级和旋合长度规定了 3 种精度级，分别称为_____、_____和_____。
14. 光滑极限量规按用途可分为_____、_____、_____三种。

15. 测量过程包括_____、_____、_____和_____四个要素。
16. 互换性可分为_____和_____。
17. 轴 φ50js8,其上偏差为_____ mm,下偏差为_____ mm。
18. 选择基准制时,应优先选用_____,原因是_____
_____。
19. 公差等级的选择原则是在_____的前提下,尽量选用_____的公差等级。
20. 配合公差是指_____,它表示_____高低。

二、根据下列图例,按要求完成相关信息

1. 在图中标出形位公差的代号。

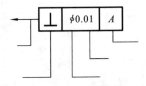

2. 在符号栏填入相应的符号。

公差		项目	有无基准	符号	公差		项目	有无基准	符号
形状公差		直线度	无		位置公差	定向	平行度	有	
		平行度	有				垂直度	有	
		圆度	无				倾斜度	有	
		圆柱度	无			定位	同轴(同心)度	有	
形状或位置公差	轮廓	线轮廓度	有或无				对称度	有	
		面轮廓度	有或无				位置度	有或无	
						跳动	圆跳动	有	
							全跳动	有	

计划与决策	实施计划	实施步骤		仪器与工量具
		1.		
		2.		
		3.		
		4.		
		5.		
		6.		
		7.		
		8.		
		9.		
		10.		
	注意事项			

实施

一、基本信息

零件名称：

二、检测结果

1. 对气缸盖表面粗糙度进行检测。

结论：

实施	2. 将气缸盖平面度的检测数据填入下表，给出分析结果并提出处理意见。 技术标准：_____。						
		1、2缸之间	2、3缸之间	3、4缸之间	4、5缸之间	5、6缸之间
	横向					
	纵向（中间）					
	对角1					
	对角2					
	结论					
	处理意见：						

检查与评估	检查监督	☐6S管理　　☐分工合理　　☐过程完整　　☐操作规范 ☐数据正确　　☐现场恢复　　☐其他异常情况：			
	过程考核	过程考核评价		组长考核个人		
				A	B	C
		教师考核小组	A	90～100	80～89	70～79
			B	80～89	70～79	60～69
			C	70～79	60～69	不合格
		个人最终成绩：				
	实训小结						

— 15 —

任务 3.2　零件图识读

姓名		课时		班级	
实训场地		学生组号		日期	
任务目标	会识读零件图，能通过看零件图获得零件名称、用途及其材料；会分析视图、尺寸，想象出零件的结构形状和大小，并抄画零件图。					
任务描述	现有一零件图需要小王来抄画，在抄画之前需要了解零件的名称、用途、材料，以及对各个尺寸进行分析。					
实训设备	绘图工具包					
资讯	一、填空题 1. 零件图中的技术要求主要包括＿＿＿＿、＿＿＿＿、＿＿＿＿、＿＿＿＿和＿＿＿＿等内容。 2. 零件图一般由＿＿＿＿、＿＿＿＿、＿＿＿＿和＿＿＿＿四部分内容组成。 3. 在标注的表面结构代号 $Ra1.6$ 中，Ra 称为＿＿＿＿，数字 1.6 的单位是＿＿＿＿。 4. 表面结构的图形符号 ∇ 表示＿＿＿＿。 5. 在标注倒角的尺寸 $C2$ 中，C 表示＿＿＿＿，2 为＿＿＿＿尺寸。 6. 尺寸偏差分为上偏差和下偏差，基本偏差为＿＿＿＿偏差，若公差带在零线上方，则基本偏差为＿＿＿＿偏差。 7. 在退刀槽的尺寸 $3\times\phi20$ 中，3 表示＿＿＿＿，$\phi20$ 为＿＿＿＿尺寸。 8. 孔和轴各有＿＿＿＿个基本偏差。 9. 标准公差等级共分为＿＿＿级，最高的级别是＿＿＿＿，最低的级别是＿＿＿＿。 10. EI 表示＿＿＿＿偏差，es 表示＿＿＿＿偏差。 11. ES 表示＿＿＿＿偏差，ei 表示＿＿＿＿偏差。 12. 尺寸公差在数值上等于＿＿＿＿与＿＿＿＿之差，或等于＿＿＿＿与＿＿＿＿之差。 13. 确定公差带大小的是＿＿＿＿，确定公差带位置的是＿＿＿＿。 14. 公差带的代号由＿＿＿＿和＿＿＿＿两部分组成。 15. 配合分为＿＿＿＿、＿＿＿＿、＿＿＿＿三种。 16. 按照零件的结构特点不同，一般将零件分为＿＿＿、＿＿＿、＿＿＿和＿＿＿四大类。 17. 装配图应包括以下内容＿＿＿、＿＿＿、＿＿＿、＿＿＿和＿＿＿。 18. 配置在装配图标题栏上方的明细栏，其序号栏目的填写顺序是＿＿＿。					

二、读图题

1. 根据零件图标注的尺寸回答下列问题。

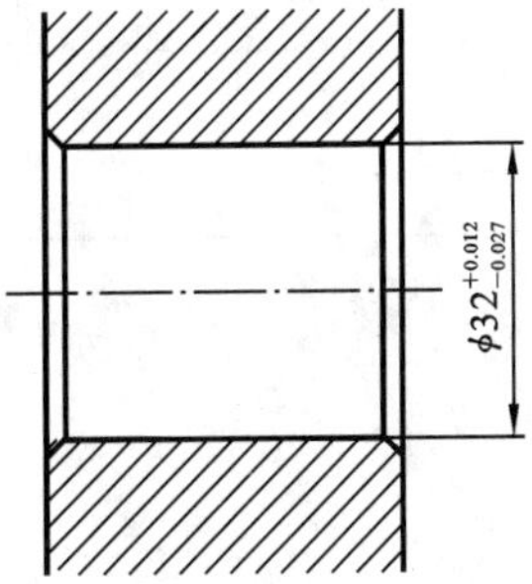

$\phi 32$ 表示：_____。
$+0.012$ 表示：_____。
-0.027 表示：_____。
最大极限尺寸为：_____。
最小极限尺寸为：_____。
公差等于：_____。

2. 说明下图中配合代号的含义。

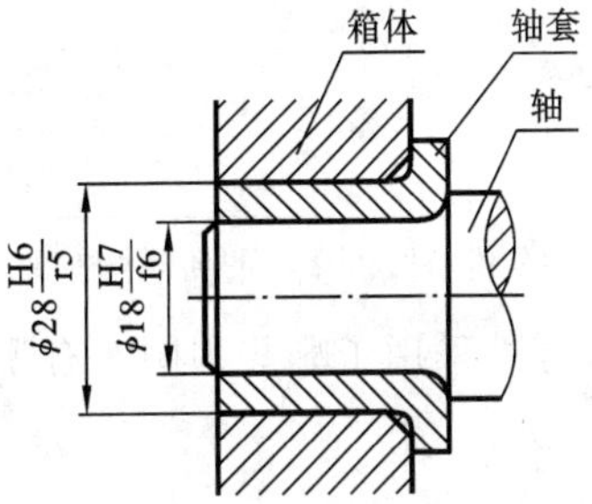

$\phi 28 \dfrac{H6}{r5}$ 中，$\phi 28$ 为_____，
H 为_____，6 为_____，
r 为_____，5 为_____。
$\phi 18 H7f6$ 为_____制_____配合。

3. 说明下图中形位公差代号的含义。

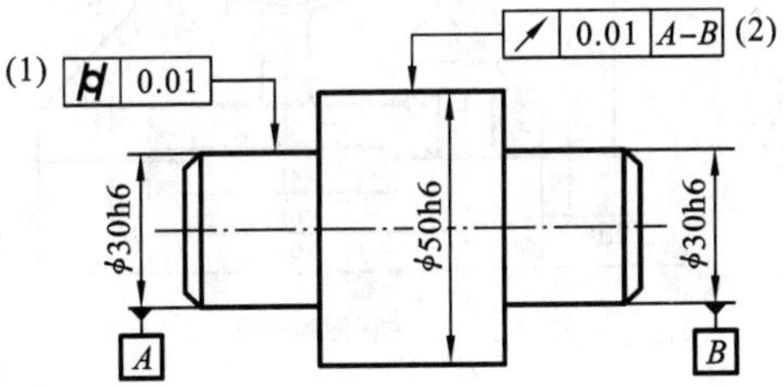

(1) _____
(2) _____

4. 说明下图中形位公差代号的含义。

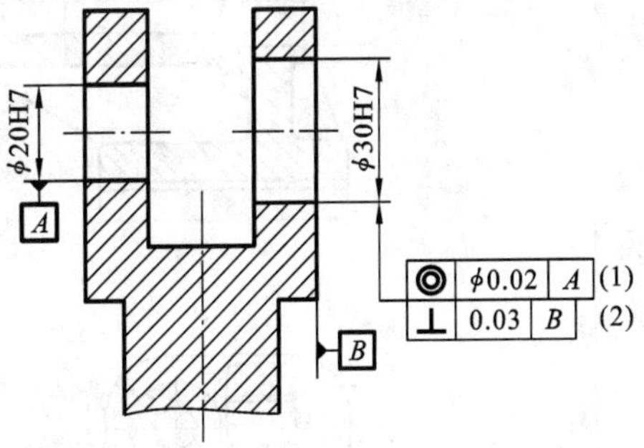

(1) _____
(2) _____

	实施步骤	仪器与工量具
	1.	
	2.	
计划与决策 — 实施计划	3.	
	4.	
	5.	
	6.	
	7.	
	8.	
	9.	
	10.	

(资讯)

计划与决策	任务分工	职责	组长/记录	主操作	辅操作	仪器管理	6S管理	质检
		姓名						
	注意事项							

实施

一、读零件图,回答问题,并抄画下图

1. 该零件采用了哪些视图?有哪些剖视图或剖面图?

2. 指出该零件在长、宽、高三个方向的主要尺寸基准,并在图上用△标出来。

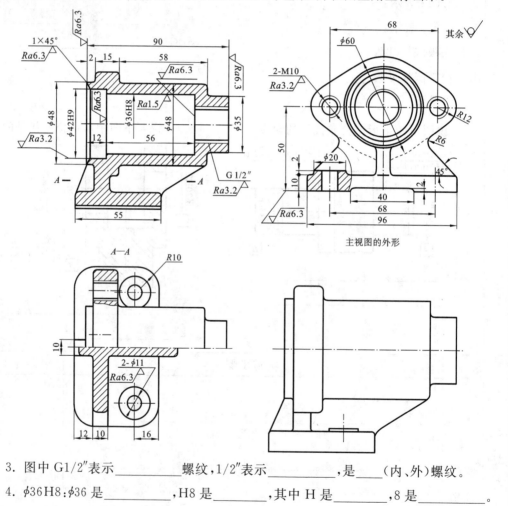

3. 图中 G1/2″ 表示_____螺纹,1/2″ 表示_____,是____(内、外)螺纹。
4. φ36H8:φ36 是_____,H8 是_____,其中 H 是_____,8 是_____。
5. 说明符号 $\sqrt{Ra6.3}$ 、$\sqrt{\ }$ 的含义。

	检查监督	□6S 管理　　　□分工合理　　　□过程完整　　　□操作规范 □数据正确　　　□现场恢复　　　□其他异常情况：			
检查与评估	过程考核	过程考核评价	组长考核个人		
			A	B	C
		教师考核小组　A	90～100	80～89	70～79
		B	80～89	70～79	60～69
		C	70～79	60～69	不合格
		个人最终成绩：			
	实训小结				

任务 3.3　装配图识读

姓名		课时		班级	
实训场地		学生组号		日期	
任务目标	了解装配图的作用和内容,掌握正确识读装配图的方法,能根据装配图拆画零件图。				
任务描述	对齿轮油泵装配图进行识读,拆画零件图并想象立体形状。				
实训设备	绘图工具包				
资讯	一、简答题 1. 装配图的作用是什么? 2. 装配图主要包括哪些内容? 3. 简述读装配图的方法和步骤。				

二、判断下图装配关系是否合理

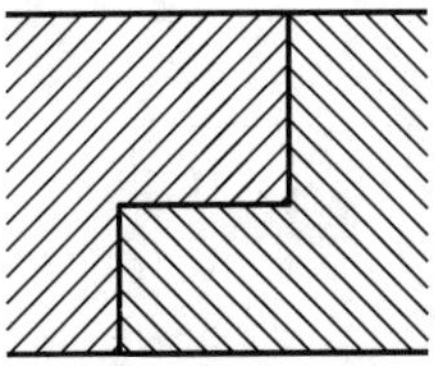

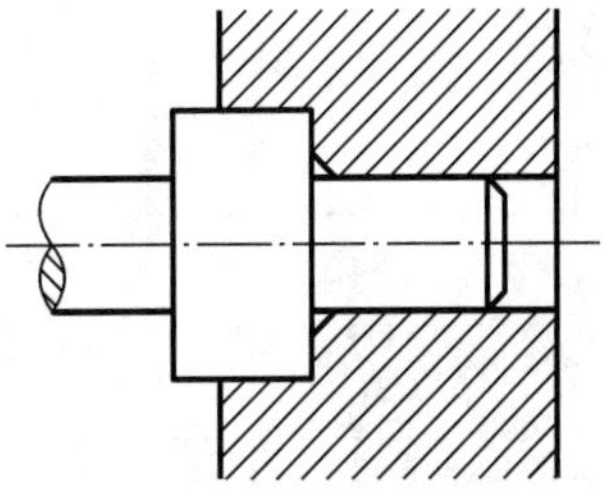

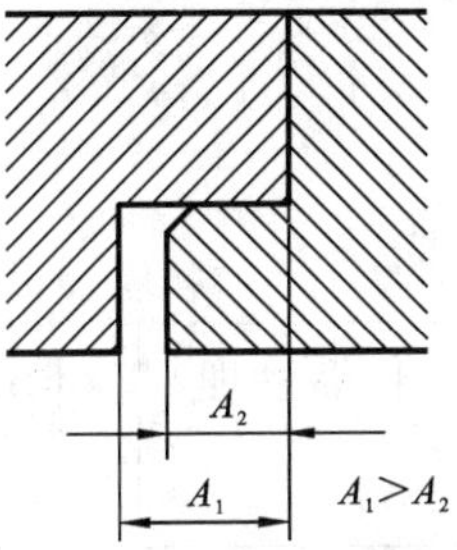

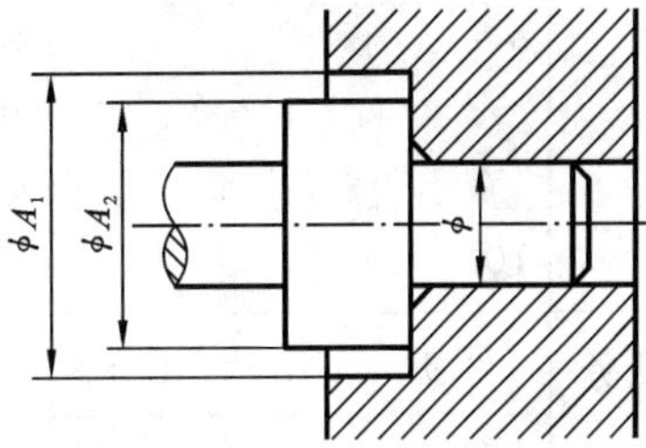

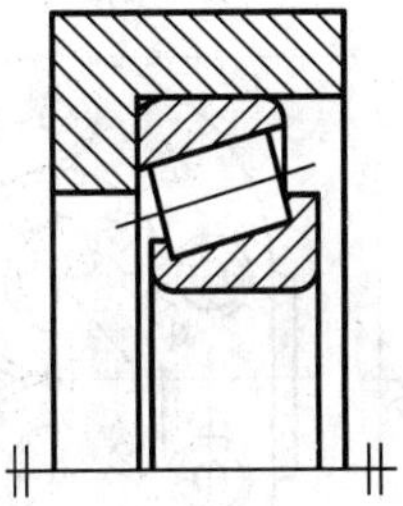

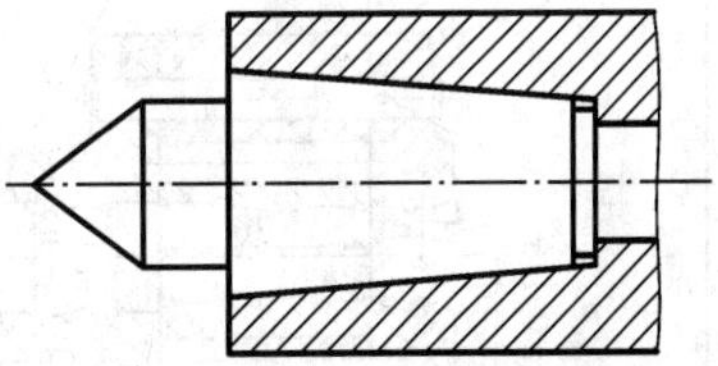

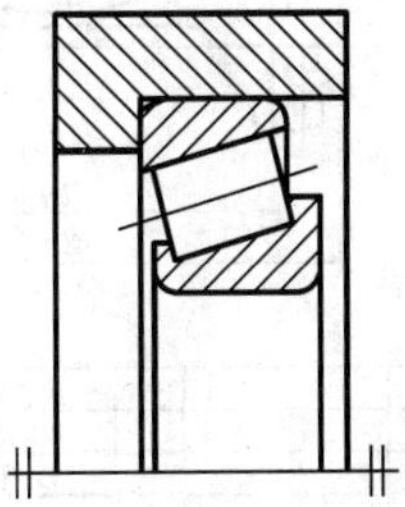

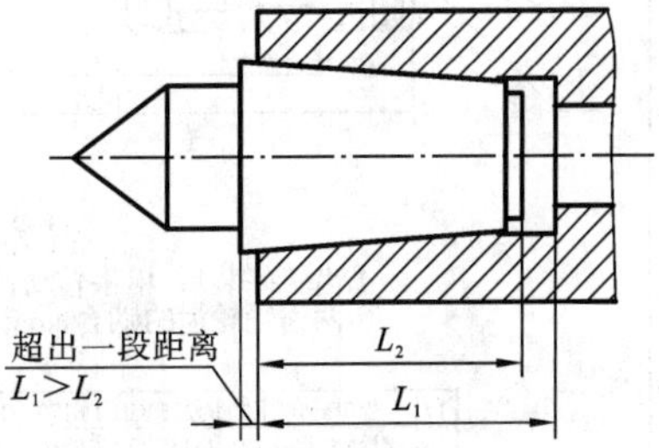

$A_1 > A_2$

ϕA_1 ϕA_2 ϕ

超出一段距离
$L_1 > L_2$ L_2 L_1

计划与决策	实施计划	实施步骤		仪器与工量具
		1.		
		2.		
		3.		
		4.		
		5.		
		6.		
		7.		
		8.		
		9.		
		10.		
	任务分工	职责	组长/记录	主操作	辅操作	仪器管理	6S管理	质检
		姓名						
	注意事项							

实施

技术要求
1. 齿轮安装后,用手转动传动齿轮轮轴时,应灵活旋转。
2. 两齿轮轮齿的啮合面应占齿长的3/4以上。

17	螺母M6	2	Q235	GB/T 6170—2015		10	压紧螺母	1		35		2	齿轮轴	1	45	$m=3, z=9$
16	螺栓M6×30	2	Q235	GB/T 5780—2016		9	轴套	1		QSn6-6-3		1	左端盖	1	HT200	
15	螺钉M6×16	12	35	GB/T 70.1—2008		8	密封圈	1		橡胶		序号	名称	数量	材料	备注
14	键5×10	1	45	GB/T 1096—2003		7	右端盖	1		HT200		齿轮油泵		比例	04-00	
13	螺母M12×1.5	1	35	GB/T 6170—2015		6	泵体	1		HT200				件数		
12	垫圈12	1	65Mn	GB/T 97.1—2002		5	垫片	2		纸	$t=1$	制图		共 张 第 张	成绩	
11	传动齿轮	1	45	$m=2.5, z=20$		4	销5×18	4		45	GB/T 119.1—2000	描图				
						3	传动齿轮轴	1		45	$m=3, z=9$	审核				

上图所示为齿轮油泵装配图,从图中可看出齿轮油泵由17种零件组成,装配图中清晰准确地表达出了齿轮油泵的工作原理、各组成零件之间的相对位置、装配和连接关系、主要零件的结构形状以及有关的尺寸、技术要求等。根据装配图,完成下列内容。

(1) 概括了解该装配图内容有哪些。

(2) 分析视图表达情况。

(3) 分析装配关系。

(4) 分析主要零件。

(5) 分析尺寸及技术要求。

(6) 综合归纳,想象整体。

齿轮油泵立体图

检查监督	☐6S管理　　☐分工合理　　☐过程完整　　☐操作规范 ☐数据正确　　☐现场恢复　　☐其他异常情况：			
过程考核	过程考核评价		组长考核个人	
			A	B	C

过程考核	教师考核小组	A	90～100	80～89	70～79
		B	80～89	70～79	60～69
		C	70～79	60～69	不合格
	个人最终成绩：				

检查与评估	实训小结	

任务 4.1 电动雨刮结构认知

姓名		课时		班级	
实训场地		学生组号		日期	
任务目标	掌握机构的含义； 掌握机构的常用表示方法； 能够将车辆中的典型总成简化为机构。					
任务描述	小张车上的雨刮出现问题,总是在工作中卡住,发出异响,他想查找下原因,但是不知道雨刮的工作原理,所以首先想弄清楚雨刮是如何工作的。					
实训设备	雨刮模型、教棍、记号笔等					
资讯	一、填空题 1. _____ 是传递运动、力或改变运动形式的实体组合,它是一种抽象化的概念。 2. 机构由 _____ 组成, _____ 是运动的基本单元；部件由 _____ 组成, _____ 是制造的基本单元。 3. _____ 是使两个构件直接接触并能产生一定相对运动的可动连接。 4. 两构件之间只做相对转动的运动副是 _____ 。 5. 两构件之间只做相对直线移动的运动副是 _____ 。 6. 凸轮和从动件以点或线接触相互运动形成的运动副是 _____ 。 7. 两齿轮以线接触相互运动形成的运动副是 _____ 。 8. 四根杆和它们之间的转动副可以组成 _____ 。 9. 铰链四杆机构中,固定不动的构件称为 _____ ,不与机架相连的构件为 _____ ,机构中与机架用低副相连的构件为 _____ 。 10. 在平面四杆机构中,可以围绕旋转中心作整周旋转的连架杆叫 _____ ,不能围绕旋转中心作整周旋转的连架杆叫 _____ 。 11. 电动雨刮一般由 _____ 、 _____ 、 _____ 和 _____ 组成。 12. 雨刮的电机总成与底板以转动副连接起来,底板可在360°范围内转动,因此,底板在这个四杆机构中成为 _____ 。					

二、根据下列图例,按要求完成相关信息

1. 写出图中运动副的名称。

（a）_____　　（b）_____　　（c）_____　　（d）_____

2. 写出图示铰链四杆机构中各构件的名称。

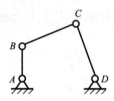

3. 写出图示电动雨刮模型中直线所指的零件的名称。

计划与决策	实施计划	实施步骤	仪器与工量具
		1.	
		2.	
		3.	
		4.	
		5.	
		6.	
		7.	
		8.	
	注意事项		

实施

一、指出电动雨刮各零件的名称

指认正确的有：
电机□　　减速箱□　　四杆机构□　　刮臂□　　刮片□

二、描述电动雨刮的工作过程
描述情况为：
准确无误□　　基本正确□　　部分正确□　　少量正确□　　全部错误□

三、画出电动雨刮总成的机构简图

	检查监督	□6S 管理　　□分工合理　　□过程完整　　□操作规范 □数据正确　　□现场恢复　　□其他异常情况：
检查与评估	过程考核		姓名	步骤一 (20%)	步骤二 (40%)	步骤三 (40%)
---	---	---	---
	实训小结	

任务 4.2 活塞连杆组认知

姓名		课时		班级	
实训场地		学生组号		日期	
任务目标	熟悉掌握以活塞连杆组为代表的曲柄滑块机构的结构、原理、特性。				
任务描述	师傅要求小江把发动机上的活塞连杆组拆下来检查,小江还不知道活塞连杆组是什么,也不知道它在发动机中有什么作用,因此要先对活塞连杆组进行认知学习,然后对其进行拆装。				
实训设备	发动机台架(已拆开)、教棍、维修手册、榔头、套筒扳手、活塞环压缩器、记号笔等				
资讯	一、填空题 1. 在平面四杆机构中,可按照连架杆是否可以 360°整圆周旋转,将连架杆分为曲柄和摇杆。可以 360°整圆周旋转的连架杆叫作_____,不能 360°整圆周旋转的连架杆叫作_____。 2. 两个连架杆中,一个是曲柄、一个是摇杆的平面四杆机构叫作_____。 3. 曲柄滑块机构是由曲柄摇杆机构演化而来的,扩大一连架杆和连杆之间的转动副,使转动副变成_____,铰链四杆机构就成了曲柄滑块机构。 4. 发动机机体组由_____、_____、_____、_____等零件构成。 5. _____安装在发动机底部,其作用是储存机油、密封曲轴箱、散热等。 6. _____用于在做功行程储存能量,以完成其他三个行程,使发动机运转平稳。 7. 活塞连杆组主要由_____、_____、_____、_____及_____等组成。 8. _____的作用是与气缸盖、气缸壁等共同组成燃烧室,它承受气体压力,并将此力传给连杆,以推动曲轴旋转。 9. _____的作用是密封、传热、辅助刮油、布油,防止气缸内的气体窜入油底壳,将活塞头部的热量传给气缸壁。 10. 在活塞连杆组中,可将_____看作曲柄,将_____看作连架杆,将_____看作滑块,气缸内筒、活塞、连杆、曲轴就组成了曲柄滑块机构。 11. 在发动机中,当活塞处于_____和_____时,连杆和曲轴简化而成的曲柄处于同一直线上,这时曲轴不能依靠活塞的驱动力转动,活塞连杆组处于死点位置。 12. 曲轴依靠_____转动的巨大惯性继续通过死点。				

二、根据下列图例，按要求完成相关信息

1. 写出图中直线所指构件的名称。

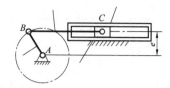

2. 写出以下零件的名称。

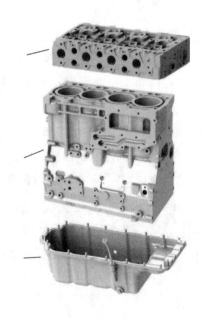

3. 以下图例所示曲柄滑块机构的四种状态中，处于死点位置的是_____。

计划与决策	实施计划	实施步骤	仪器与工量具
		1.	
		2.	
		3.	
		4.	
		5.	
		6.	
		7.	
		8.	
		9.	
		10.	
	注意事项		

实施

一、指出活塞连杆组在发动机中的位置

指认正确□　　指认错误□

二、指出活塞连杆组各零件的名称

指认正确的有：

活塞□　　活塞环□　　活塞销□　　连杆□　　连杆轴瓦□

连杆盖□　　连杆螺栓或螺母□

三、描述活塞连杆组的工作过程

描述情况为：

准确无误□　　基本正确□　　部分正确□　　少量正确□　　全部错误□

四、绘制活塞连杆组的运动简图，并标出死点位置

五、完成活塞连杆组的拆装（选做）

实施	拆装步骤	仪器与工量具

检查与评估	检查监督	☐6S 管理　　☐过程完整　　☐操作规范 ☐数据正确　　☐现场恢复　　☐其他异常情况：
	过程考核	步骤得分

	步骤一 （20%）	步骤二 （20%）	步骤三 （30%）	步骤四 （20%）	步骤五 （10%）

实训小结	

任务 4.3　配气机构认知

姓名		课时		班级	
实训场地		学生组号		日期	
任务目标	熟悉凸轮机构的组成、分类及运动过程； 能够指认发动机配气机构中的各组成构件，并描述其工作过程。					
任务描述	某天客户送来一故障车辆，经过检查后，师傅说是发动机里配气的正时皮带断裂了，要求小江进行更换，小江不知道什么是正时皮带，因此束手无策，你能告诉他并教会他怎么做吗？					
实训设备	发动机台架(已拆开)、教棍、维修手册、榔头、套筒扳手、记号笔等					
资讯	一、填空题 1. 凸轮机构是由_____、_____、_____等组成的。其中，_____固定不动，_____呈360°旋转，_____在凸轮的压力下直线移动。 2. 按凸轮的形状分，凸轮机构可分为_____凸轮机构、_____凸轮机构和_____凸轮机构。 3. 按从动件的结构形式分，凸轮机构可分为_____凸轮机构、_____凸轮机构和_____凸轮机构。 4. 凸轮匀速旋转时，从动件从距凸轮中心最近点向最远点运动的过程为_____。 5. 凸轮匀速旋转时，从动件与凸轮轮廓接触处相对于回转中心不变，保持在最远点的过程为_____。 6. 凸轮匀速旋转时，从动件从距凸轮中心最远点向最近点运动的过程为_____。 7. 凸轮匀速旋转时，从动件与凸轮轮廓接触处相对于回转中心不变，保持在最近点，这个过程叫_____。 8. 在凸轮机构中，从动件的移动距离和速度由凸轮_____和_____决定。 9. 配气机构的作用是_____。 10. 发动机配气机构气门组由_____、_____、_____等组成。 11. 配气机构的气门传动组由_____、_____、_____等零件构成。 12. 按气门布置的形式，发动机配气机构分为_____、_____两种。 13. 按凸轮轴布置的形式，配气机构可分为_____、_____、_____几种。 14. 按凸轮轴传动的方式，配气机构可分为_____传动式、_____传动式、_____传动式几种。					

15. 四冲程发动机一个工作循环要经过_____、_____、_____、_____四个行程。

16. 在进气行程中,活塞由_____移至_____时,_____打开、_____关闭;在排气行程中,活塞由_____移至_____时,_____关闭、_____打开。

17. 当发动机启动后,曲轴开始转动,从而带动_____旋转,_____带动凸轮轴上的皮带轮旋转,凸轮轴最后开始转动。

18. 四冲程发动机每完成一个工作循环,各缸的进、排气门需要开闭_____次,即需要凸轮轴转过_____圈,而曲轴需要转_____圈,因此曲轴转速与凸轮轴转速之比为_____。

二、根据下列图例,按要求完成相关信息

1. 写出图中所示凸轮机构的名称。

_____   _____   _____

2. 写出以下零件的名称。

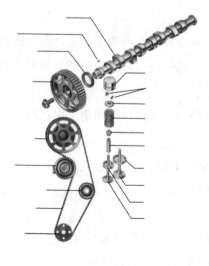

资讯	3. 下图中凸轮逆时针转动,虚线为从动件起始位置,实线为从动件终止位置,写出下列图例中凸轮机构的运动状态名称。 _____ _____ _____ _____

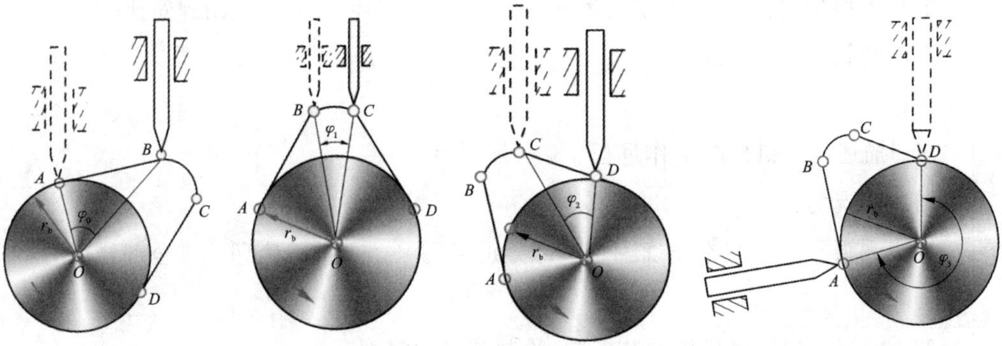

		实施步骤	仪器与工量具
计划与决策	实施计划	1. 2. 3. 4. 5. 6. 7. 8. 9. 10.	
	注意事项		

实施	一、指出配气机构在发动机中的位置并描述其作用 位置：　　　　　　　　　　指认正确□　　指认错误□ 作用：　　　　　　　　　　描述正确□　　描述错误□ 二、指出配气机构各零件的名称

指认正确的有：
凸轮轴□　　凸轮轴正时齿形带□　　张紧轮□
水泵齿形带轮□　　曲轴齿形带轮□　　挺柱体□　　气门弹簧座□
气门弹簧□　　气门□

三、描述配气机构的工作过程
描述情况为：
准确无误□　　基本正确□　　部分正确□　　少量正确□　　全部错误□

四、根据下列配气机构的装配图，绘制其机构简图。

五、完成正时皮带的拆装（选做）

拆装步骤	仪器与工量具

检查监督	□6S 管理　　□过程完整　　□操作规范 □数据正确　　□现场恢复　　□其他异常情况：				
过程考核	步骤得分				
	步骤一 （20%）	步骤二 （20%）	步骤三 （30%）	步骤四 （25%）	步骤五 （5%）

检查与评估

实训小结

任务 4.4 手动变速器认知

姓名		课时		班级	
实训场地		学生组号		日期	
任务目标	能够指认两轴式、三轴式手动变速器的组成结构； 能够描述不同挡位两轴式、三轴式手动变速器的传动原理和动力传递流； 能够计算不同挡位的传动比。					
任务描述	小王是位汽车销售员，他销售的车辆同一车型有手动挡和自动挡两个不同的版本，客户请他介绍一下这两款的区别和各自的特点，你能告诉他吗？					
实训设备	手动变速器台架、教棍、维修手册、记号笔等					
资讯	一、填空题 1. 按照齿型不同,平面齿轮传动可分为_____传动、_____传动、_____传动。 2. 所有齿轮几何轴线的位置都固定的轮系称为_____。 3. 若轮系中至少有一个齿轮的几何轴线不固定,而绕其他齿轮的固定几何轴线回转,则该轮系称为_____。 4. 周转轮系又有差动轮系与行星轮系之分。太阳轮轴线能转动的周转轮系称为_____,有一个太阳轮固定不动的周转轮系称为_____。 5. 两个互相啮合的齿轮,齿轮 A 为主动件,齿轮 B 为从动件,则齿轮 A 和齿轮 B 的传动比为_____。 6. 在手动变速器中,传动比最大的是_____挡,输出扭矩最大的是_____挡,速度最快的是_____挡。 7. 在发动机功率一定的情况下,转速和传动扭矩之间存在的关系式为_____。 8. 轮系的传动比是指该轮系中_____轮的角速度(或转速)与_____轮的角速度(或转速)之比,用 i 表示。 9. 计算平面定轴轮系的传动比可以使用的计算式是_____。 10. 计算行星轮系的传动比时,通常需要将其转化为_____轮系。 11. 一个典型的行星轮系通常由_____、_____、_____、_____等构件构成。 12. 常见的手动变速器按其结构分类,可分为_____轴式和_____轴式。 13. 在手动变速器中,当接合轴环(同步器)位于两个齿轮中间时,变速器为____挡状态。					

14. 手动变速器中,倒挡是通过添加_____轮来改变输出轴的转动方向。

15. _____相当于一个扭矩分配器,将转动轴输入的扭矩一分为二,传递给左右两个驱动半轴,并允许两个半轴以不同速度旋转。

16. 开放式差速器主要由_____、_____、_____、_____、_____等零件构成。

17. 当差速器中的行星齿轮不自转时,车辆处于_____行驶状态。

18. 当差速器中左侧的行星齿轮顺时针自转时,车辆处于_____行驶状态。

19. 当行星轮系的齿圈固定,太阳轮为主动件,行星架为被动件时,可以得到_____(升/降)速挡,这时传动比为_____。当太阳轮固定,齿圈为主动件,行星架为被动件时,可以得到_____(升/降)速挡,这时传动比为_____。

20. 手动变速器一般采用_____轮系,自动变速器一般采用_____轮系。

二、根据下列图例,按要求完成相关信息

1. 写出图中齿轮传动的名称。

(a)_____ (b)_____ (c)_____ (d)_____ (e)_____

2. 写出下图中轮系的名称。

(a)_____   (b)_____   (c)_____

3. 在右图所示的行星轮系中,已知 $z_1=50$、$z_2=30$、$z_3=100$,太阳轮输入,齿圈不动,求传动比 i_{13}^H 及输出构件行星架的转速。

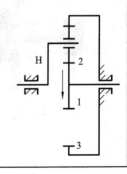

4. 在下图所示的两轴五挡手动变速器简图上,分别用直线画出一、二、四、五挡的动力传递路线。

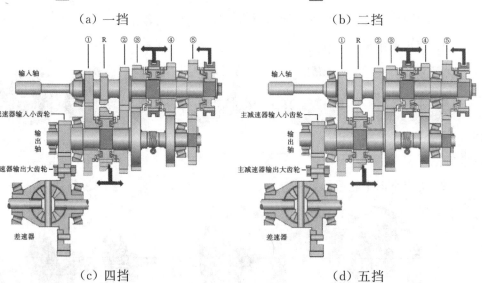

（a）一挡　　　　　　　　　　（b）二挡

（c）四挡　　　　　　　　　　（d）五挡

5. 分别标出下列两个差动器简图所示的车辆行驶状态（直行前进、直行后退、左转前进、左转后退、右转前进、右转后退）。

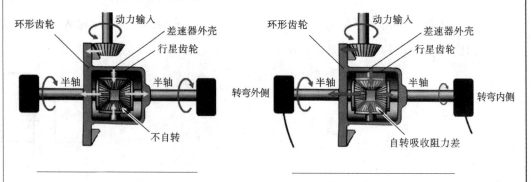

	6. 依据下表中行星齿轮机构的已有信息,将该表填完。				
资讯	主动件	从动件	锁定件	传动比	功能
	太阳轮	行星架	内齿圈	$1+a$	减速增扭
	行星架	太阳轮	内齿圈	$\dfrac{1}{1+a}$	
	内齿圈	行星架	太阳轮	$\dfrac{1+a}{a}$	
	行星架	内齿圈	太阳轮	$\dfrac{a}{1+a}$	
	太阳轮	内齿圈	行星架	$-a$	
	内齿圈	太阳轮	行星架	$-\dfrac{1}{a}$	

		实施步骤	仪器与工量具
计划与决策	实施计划	1. 2. 3. 4. 5. 6. 7. 8. 9. 10.	

注意事项	

实施	一、指出手动变速器在车辆中的位置并描述其作用 位置：　　　　　　　　　指认正确□　　指认错误□ 作用：　　　　　　　　　描述正确□　　描述错误□

二、指出手动变速器中各零件的名称

指认正确的有：
拨叉□　　换挡杆□　　输入轴□　　中间轴□　　输出轴□
一挡输入齿轮□　　二挡输入齿轮□　　三挡输入齿轮□
四挡输入齿轮□　　五挡输入齿轮□　　一挡输出齿轮□
二挡输出齿轮□　　三挡输出齿轮□　　四挡输出齿轮□
五挡输出齿轮□

三、描述手动变速器的换挡过程
描述情况为：
准确无误□　　基本正确□　　部分正确□　　少量正确□　　全部错误□

四、根据提供的齿轮信息，计算手动变速器各挡位的传动比。

一挡：

二挡：

三挡：

四挡：

五挡：

倒挡：

检查与评估	检查监督	□6S 管理　　□过程完整　　□操作规范 □数据正确　　□现场恢复　　□其他异常情况：			
	过程考核	步骤得分			
		步骤一 （20%）	步骤二 （20%）	步骤三 （30%）	步骤四 （30%）
	实训小结				

— 43 —

任务 4.5　轴系基本认知

姓名		课时		班级	
实训场地		学生组号		日期	
任务目标	熟悉轴的作用、分类及结构； 熟悉轴上零件； 能够指认车辆传动轴上各组成部分； 能够指认十字轴万向节各组成结构。				
任务描述	某客户车辆，据车主描述，该车行驶时有异响，车身轻微抖动，车速越高越明显，师傅让小王检查下传动轴，你能帮助他完成这次检查吗？				
实训设备	传动轴模型、扳手、套筒、教棍、记号笔等				
资讯	一、填空题 1. ＿＿＿＿＿＿承受弯矩和扭矩，支撑轴上零件（齿轮、同步器、联轴器等）的运转，并传递运动和动力。 2. 按照承受载荷的不同，轴可分为＿＿＿＿、＿＿＿＿、＿＿＿＿。 3. 按轴线形状不同，轴又可分为＿＿＿＿、＿＿＿＿、＿＿＿＿。 4. 各轴段轴线为同一直线的轴称为＿＿＿＿。 5. 典型轴上零件包括＿＿＿＿、＿＿＿＿、＿＿＿＿、＿＿＿＿、＿＿＿＿、＿＿＿＿。 6. 后驱车辆的传动系主要由＿＿＿＿、＿＿＿＿、＿＿＿＿、＿＿＿＿及＿＿＿＿等部分组成。 7. 传动轴总成是由＿＿＿＿、＿＿＿＿、＿＿＿＿、＿＿＿＿等组成。 8. ＿＿＿＿＿＿是实现变角度动力传递的机件，用于需要改变传动轴线方向的位置，它是汽车驱动系统的万向传动装置的"关节"部件。 9. 万向节按扭转方向是否有明显弹性，可分为＿＿＿＿和＿＿＿＿。 10. 刚性万向节又可分为＿＿＿＿万向节、＿＿＿＿万向节、＿＿＿＿万向节。 11. 十字轴万向节即属于＿＿＿＿万向节，它由＿＿＿＿、＿＿＿＿、＿＿＿＿等构成。 12. 为使十字轴万向节的传动轴实现等速传动，可以使用＿＿＿＿传动。				

二、根据下列图例,按要求完成相关信息

1. 写出图中轴的名称。

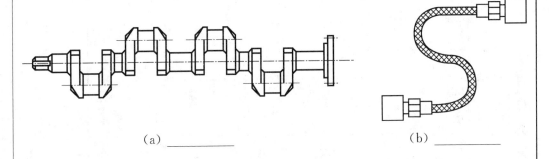

（a）_____   （b）_____

2. 写出下图轴系中直线所指的轴的各部分的名称。

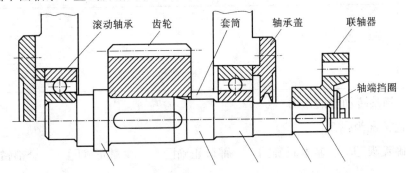

3. 根据下图中标出的车辆各部分的名称,写出车辆动力流的传递路线。

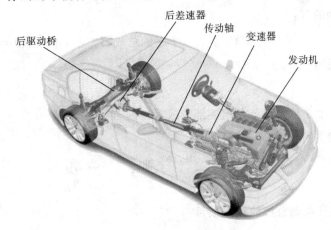

4. 写出下图万向节拆解模型中直线所指的各零件的名称。

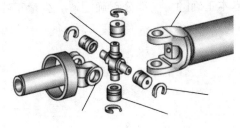

<table>
<tr><th rowspan="10">计划与决策</th><th rowspan="8">实施计划</th><th>实施步骤</th><th>仪器与工量具</th></tr>
<tr><td>1.</td><td rowspan="8"></td></tr>
<tr><td>2.</td></tr>
<tr><td>3.</td></tr>
<tr><td>4.</td></tr>
<tr><td>5.</td></tr>
<tr><td>6.</td></tr>
<tr><td>7.</td></tr>
<tr><td>8.</td></tr>
<tr><td>注意事项</td><td colspan="2"></td></tr>
</table>

实施

一、描述传动轴的作用

描述情况为：

准确无误□　　基本正确□　　部分正确□　　少量正确□　　全部错误□

二、指认传动轴各组成部分或零件的名称

指认正确的有：

突缘叉□　　中间传动轴□　　十字轴总成□　　轴承及轴承座□

花键及花键护套□

三、指认十字轴万向节各组成部分或零件的名称

指认正确的有：

十字轴叉□　　万向节叉□　　十字轴□　　轴承□　　卡环□

四、描述传动轴总成的检修项目

描述情况为：

准确无误□　　基本正确□　　部分正确□　　少量正确□　　全部错误□

	检查监督	□6S 管理　　　□过程完整　　　□操作规范 □数据正确　　　□现场恢复　　　□其他异常情况：			
检查与评估	过程考核	姓名	步骤一 （20%）	步骤二 （20%）	步骤三 （30%）	步骤四 （20%）
	实训小结					

任务 5.1 液压系统基本认知

姓名		课时		班级	
实训场地		学生组号		日期	
任务目标	掌握液压系统的组成及其工作原理； 掌握液压系统的基本参数； 能够分析简单液压系统。					
任务描述	液压千斤顶是一种车辆维修中经常使用的工具，小王不了解液压千斤顶是怎么工作的，所以也不会使用，你能帮助他了解液压千斤顶的工作原理吗？					
实训设备	液压千斤顶、教棍、套筒、扳手、记号笔、车轮挡块、实训用车、备胎等					
资讯	一、填空题 1. 按照动力源和传动方式，千斤顶分_____式和_____式两种。 2. 液体的压强、压力、作用面积有一个关系式为_____。 3. 在密闭容器内，施加于静止液体上的_____将以等值同时传到各点，这就是静压传递原理，或称帕斯卡定律。 4. 单位时间内进出液压缸或通过管道某一截面的液体的体积称为_____。 5. 流速和流量有一关系式为_____。 6. 液压千斤顶实际上由_____、_____、_____、_____、_____等组成。 7. 根据静压传递原理，两活塞的面积相差越_____，在使同样大小的力时，能够提升的重物越重。 二、根据下列图例，按要求完成相关信息 1. 写出图中两种设备的名称。  （a）_____ 　　（b）_____					

|资讯| 2. 写出图中标识出的物理参数的名称及它们之间的关系。

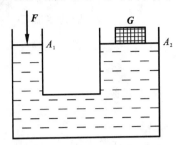

3. 下图是液压千斤顶的液压系统原理图,写出直线所指液压元件的名称。

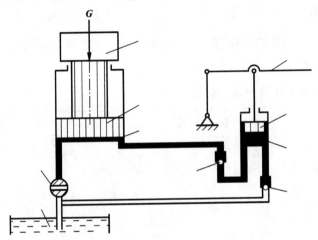

		实施步骤	仪器与工量具
计划与决策	实施计划	1.	
		2.	
		3.	
		4.	
		5.	
		6.	
		7.	
		8.	
	注意事项		

一、指认液压千斤顶各零件的位置并描述其作用

位置： 　　　　　　　　　指认正确□　　指认错误□

作用： 　　　　　　　　　描述正确□　　描述错误□

二、指出液压千斤顶各零件的名称

指认正确的有：

油阀□　　升降控制管□　　升降手柄□　　托头□　　加油口□

三、结合系统图，描述液压千斤顶的工作过程

描述情况为：

准确无误□　　基本正确□　　部分正确□　　少量正确□　　全部错误□

四、规范使用千斤顶和扳手拆装车轮。

拆装步骤	仪器与工量具

实施

检查与评估	检查监督	☐6S 管理　　☐过程完整　　☐操作规范 ☐数据正确　　☐现场恢复　　☐其他异常情况：				
	过程考核	姓名	步骤一 （20%）	步骤二 （20%）	步骤三 （30%）	步骤四 （20%）
	实训小结					

任务 5.2 发动机润滑系统基本认知

姓名		课时		班级	
实训场地		学生组号		日期	
任务目标	熟悉液压系统的各部分组成； 熟悉液压泵的作用； 熟悉齿轮泵的分类、组成及工作原理； 能够指认发动机润滑系统中各液压元件； 能够描述发动机润滑系统的工作原理。					
任务描述	小王接到客户车辆，要求对发动机润滑系统进行机油更换并清洗发动机润滑系统，小王并不熟悉发动机润滑系统，你能为他讲讲吗？				
实训设备	发动机台架、教棍、套筒、扳手、记号笔、机油、机油滤清器、接油盘等				
资讯	一、填空题 1. 液压传动是利用液体的_____来传递能量，液力传动是利用液体的_____来传递能量。 2. 一般来说，液压系统由_____元件、_____元件、_____元件、_____元件和_____组成。 3. 在液压系统中，液压泵一般属于_____元件，液压缸一般属于_____元件，液压阀一般属于_____元件。 4. 发动机润滑系统的作用是_____。 5. 能够为发动机润滑系统提供足够高的压力，保证润滑油在润滑系统内能循环流动的元件是_____。 6. 能够用来滤除润滑油中的金属磨屑、机械杂质和润滑油氧化物的元件是_____。 7. 发动机润滑系统中，能够存储润滑油的元件是_____。 8. 机油泵按结构形式可以分为_____和_____两类。齿轮式机油泵又分为内啮合齿轮式和外啮合齿轮式。 9. 机油滤清器由_____、_____、_____、_____等几个主要部分构成。 10. 机油一般由_____和_____两部分组成。 11. 机油的 SAE 等级代表油品的_____等级。 12. 机油的 API 等级代表它的_____分类，即采用简单的代码来描述发动机机油的工作能力。				

13. API发动机机油分为两类:"S"系列代表_____用油;"C"系列代表_____用油。

14. API等级从"SA"一直到"SL",字母越靠后,质量等级越_____。

二、根据下列图例,按要求完成相关信息

1. 写出图中直线所指零件的名称。

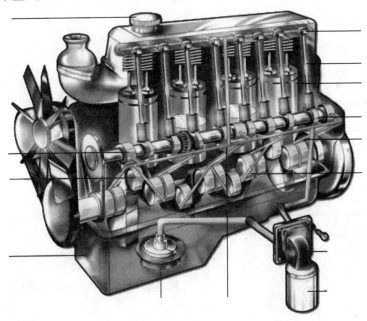

2. 根据图中箭头标注的液体流向,判断并写出图中内啮合齿轮泵、外啮合齿轮泵直线指向的吸油区和压油区。

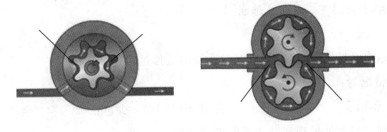

3. 写出下图中机油滤清器各组成部分的名称。

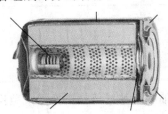

<table>
<tr><td rowspan="10">计划与决策</td><td rowspan="9">实施计划</td><td>实施步骤</td><td>仪器与工量具</td></tr>
<tr><td>1.</td><td></td></tr>
<tr><td>2.</td><td></td></tr>
<tr><td>3.</td><td></td></tr>
<tr><td>4.</td><td></td></tr>
<tr><td>5.</td><td></td></tr>
<tr><td>6.</td><td></td></tr>
<tr><td>7.</td><td></td></tr>
<tr><td>8.</td><td></td></tr>
<tr><td>注意事项</td><td colspan="2"></td></tr>
<tr><td>实施</td><td colspan="3">一、描述发动机润滑系统的作用

作用：　　　　　　　　　　　描述正确□　　描述错误□

二、指出发动机润滑系统中各元件的名称
指认正确的有：
油底壳□　　机油滤清器□　　集滤器□　　油尺□
机油加注口□　　机油泵总成□

三、结合系统图，描述发动机润滑系统的工作过程
描述情况为：
准确无误□　　基本正确□　　部分正确□　　少量正确□　　全部错误□
四、规范使用油尺观察发动机内机油状况。
<table><tr><td>观察步骤</td><td>仪器与工量具</td></tr><tr><td></td><td></td></tr><tr><td></td><td></td></tr><tr><td></td><td></td></tr></table>
五、描述实车上进行机油和机油滤清器更换的规范操作。
描述情况为：
准确无误□　　基本正确□　　部分正确□　　少量正确□　　全部错误□</td></tr>
</table>

	检查监督	□6S 管理　　　□过程完整　　　□操作规范 □数据正确　　　□现场恢复　　　□其他异常情况：				
检查与评估	过程考核	姓名	步骤一 (20%)	步骤二 (20%)	步骤三 (30%)	步骤四 (20%)	步骤五 (10%)
	实训小结						

— 55 —

任务 5.3 车辆制动系统中的液压系统基本认知

姓名		课时		班级	
实训场地		学生组号		日期	
任务目标	熟悉液压系统在车辆制动系统中的作用、工作原理； 熟悉液压缸的组成、基本原理； 能够指认制动系统中的液压元件； 能够描述制动系统的工作过程。					
任务描述	某客户因制动不良、制动故障灯亮送修车辆，小王的师傅检测后确定为缺少制动液，要求小王添加制动液，小王不太明白制动系统的原理，也不知道制动液怎么添加，你能帮帮他吗？					
实训设备	实训用车、教棍、套筒、扳手、记号笔					
资讯	一、填空题 1. ＿＿＿＿＿＿的主要功用是使行驶中的汽车减速甚至停车，使下坡行驶的汽车速度保持稳定，使已停驶的汽车保持不动。 2. 行车制动系俗称＿＿＿＿＿＿，驻车制动系俗称＿＿＿＿＿＿。 3. 在液压系统中，液压泵一般属于＿＿＿＿＿＿元件，液压缸一般属于＿＿＿＿＿＿元件，液压阀一般属于＿＿＿＿＿＿元件。 4. 制动系统的工作原理是液压制动装置利用＿＿＿＿＿＿，将驾驶员肌体的力通过制动踏板转换为制动液压力，再通过管路传至车轮＿＿＿＿＿＿，车轮＿＿＿＿＿＿再将液压力转变为制动＿＿＿＿＿＿或制动＿＿＿＿＿＿的机械推力，使摩擦片接触产生摩擦（将机械能转换成热能而消耗），从而产生阻止车轮转动的力矩。 5. ＿＿＿＿＿＿处于制动踏板、真空助力泵与管路之间，其功用是将制动踏板输入的机械力转换成液压力。 6. 按结构不同，液压缸可分为＿＿＿＿＿＿液压缸、＿＿＿＿＿＿液压缸、＿＿＿＿＿＿液压缸和＿＿＿＿＿＿液压缸，制动主缸属于＿＿＿＿＿＿。 7. 为保证制动的可靠，车辆上一般采用双回路液压制动，当一套管路失效时，另一套管路仍能保持一定的制动效能，一般使用＿＿＿＿＿＿、＿＿＿＿＿＿两种布置方式。 8. ＿＿＿＿＿＿的作用是将主缸传来的液压力转变为使制动蹄张开的机械推力，它也叫制动分泵。 9. 常用制动器分为＿＿＿＿＿＿式制动器和＿＿＿＿＿＿式制动器。 10. 鼓式制动器主要包括＿＿＿＿、＿＿＿＿、＿＿＿＿、＿＿＿＿、＿＿＿＿等部分。					

11. 盘式制动器也叫碟式制动器，主要由_____、_____、_____、_____、_____等部分构成。

12. 常用的制动液类型有：_____、_____、_____。

二、根据下列图例，按要求完成相关信息

1. 写出图中直线所指零件或构件的名称。

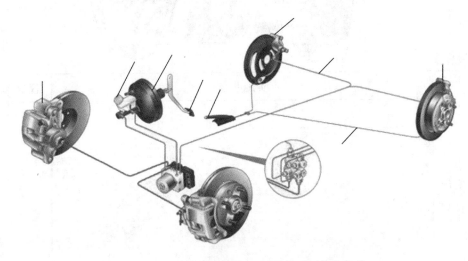

2. 在以下制动主缸的模型图中，按直线指示，写出各零件的名称。

3. 在以下盘式制动器的模型图中，按直线指示，写出各零件的名称。

资讯	4. 在以下鼓式制动器的模型图中,按直线指示,写出各零件的名称。 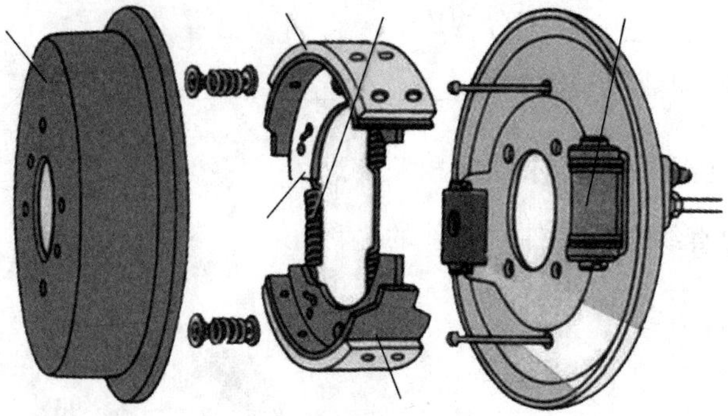		

		实施步骤	仪器与工量具
计划与决策	实施计划	1. 2. 3. 4. 5. 6. 7. 8.	
	注意事项		

实施	一、描述制动系统的作用 作用：　　　　　　　　　　描述正确□　　描述错误□ 二、指出制动系统中各液压元件的名称 指认正确的有： 制动踏板□　　真空助力泵□　　制动主缸□　　盘式制动器□ 鼓式制动器□　　制动管路□　　制动液储液罐□ 三、结合系统图,描述制动系统的工作过程

实施	描述情况为： 准确无误□　基本正确□　部分正确□　少量正确□　全部错误□ 四、描述实车上进行制动液更换的规范操作 描述情况为： 准确无误□　基本正确□　部分正确□　少量正确□　全部错误□

检查与评估	检查监督	□6S管理　　□过程完整　　□操作规范 □数据正确　　□现场恢复　　□其他异常情况：			
	过程考核	姓名	步骤一 （20%）	步骤二 （20%）	步骤三 （40%）	步骤四 （20%）
	实训小结				

任务5.4 液压转向助力系统基本认知

姓名		课时		班级	
实训场地		学生组号		日期	
任务目标	熟悉液压系统在车辆转向助力系统中的作用、工作原理； 熟悉液压阀的分类、工作原理； 能够指认转向助力系统中的液压元件； 能够讲述各元件的工作过程。					
任务描述	某客户车辆转向沉重，且转向时有噪声，师傅检查后判断为液压转向助力系统缺油或系统内有空气，要求小王进行加油和排气操作，小王不太明白转向助力系统的原理，也不知道转向助力液怎么添加，你能帮帮他吗？					
实训设备	转向助力系统实训台架、教棍、套筒、扳手、记号笔等					
资讯	一、填空题 1. 按照动力来源和控制方式，转向助力系统可分为_____和_____两种，液压转向助力系统又可分为_____和_____两种。 2. 机械液压转向助力系统，按照油液流动形式可分为_____式和_____式，目前大部分车型都采用_____式转向助力系统，即汽车行驶过程中，转向助力油泵从油罐吸入油液，油液又被油泵排出，经过转向控制阀回到油罐，一直在常流状态。 3. _____从与发动机相连接的皮带得到动力，产生油压，传给转向器，推动转向器液压缸工作，帮助转向器实现顺利转向。 4. 叶片泵是常用液压泵的一种，可分为_____叶片泵和_____叶片泵。 5. 叶片泵泵芯总成由_____、_____、_____、_____等组成。 6. 单作用叶片泵的转子转一圈，泵吸油压油各_____次，双作用叶片泵的转子转一圈，泵吸油压油各_____次。 7. 目前应用广泛的机械转向器有_____式转向器、_____式转向器、_____式转向器等几种，转向器内加装液压缸，就成为液压助力转向器。 8. 按照阀的作用，液压阀可分为_____控制阀、_____控制阀、_____控制阀。 9. 换向阀按结构分为两种：_____式和_____式。 10. _____是利用阀芯在阀体内直线滑动，改变流体进出口通道位置以控制流体流向；_____是利用阀芯在阀体内圆周转动，改变流体进出口通道位置以控制流体流向。 11. 三位四通换向阀中，"位"是指_____，"通"是指_____。					

二、根据下列图例，按要求完成相关信息

1. 写出下图转向助力系统中，直线指向的零件或液压元件名称。

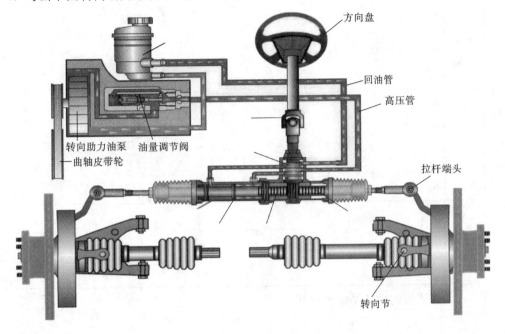

2. 在下列单作用叶片泵的剖面图上，写出直线所指的构件的名称，并标注出吸油区和压油区。

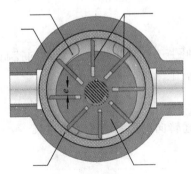

3. 写出下图中转向器各组成部分的名称。

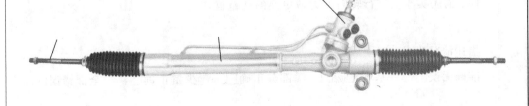

		实施步骤	仪器与工量具
计划与决策	实施计划	1. 2. 3. 4. 5. 6. 7. 8.	
	注意事项		

实施	一、描述转向助力系统的作用 作用：　　　　　　　　　描述正确□　　描述错误□ 二、指出转向助力系统中各元件的名称 指认正确的有： 转向器□　　转向轴□　　储液罐□　　转向控制阀□ 油路□　　万向节□　　转向助力泵□ 三、结合系统图，描述转向助力系统的工作过程 描述情况为： 准确无误□　　基本正确□　　部分正确□　　少量正确□　　全部错误□ 四、描述实车上进行转向助力液更换的规范操作。 描述情况为： 准确无误□　　基本正确□　　部分正确□　　少量正确□　　全部错误□

	检查监督	□6S 管理　　　□过程完整　　　□操作规范 □数据正确　　　□现场恢复　　　□其他异常情况：			
检查与评估	过程考核	姓名	步骤一 （20%）	步骤二 （20%）	步骤三 （40%）	步骤四 （20%）
	实训小结				

— 63 —

任务 5.5 液力变矩器基本认知

姓名		课时		班级	
实训场地		学生组号		日期	
任务目标	了解自动变速器结构； 熟悉液力变矩器的作用、结构和工作原理； 能够指认自动变速器中液压系统的各部分结构名称。				
任务描述	某客户自动挡车辆前进挡和倒挡起步无力，师傅经主油压试验后判断为油泵故障，要求小王检查下油泵。小王不太明白转向自动变速器中油泵的结构和工作原理，不知如何检查，你能帮帮他吗？				
实训设备	自动变速器台架、液力变矩器模型、塞尺、扳手、套筒、教棍、记号笔等				
资讯	一、填空题 1. 汽车上所采用的液力传动装置通常有液力_____和液力_____两种。 2. 液力变矩器主要由_____、_____、_____等组成。 3. 在液力变矩器中，_____位于泵轮和涡轮之间，通过单向离合器安装在与自动变速器壳体连接的导管轴上，它也是由许多扭曲叶片组成的，其作用是使液力变矩器在某些工况下具有增大扭矩的功能。 4. 单向离合器的作用是_____。 5. 常用的单向离合器有_____和_____两种。 6. _____不仅能传递转矩，而且能在泵轮转矩不变的情况下，随着涡轮的转速不同而改变涡轮输出的转矩大小。 7. 液力变矩器的主要作用有_____、_____、_____、_____。 8. 自动变速器的动力源是_____。 9. 自动变速器的控制机构分为_____式和_____式两种。 10. 刚性万向节又可分为_____万向节、_____万向节、_____万向节。 11. 十字轴万向节属于_____万向节，它由_____、_____、_____、_____等构成。 12. 自动变速器的执行器是为了控制行星齿轮组的输入、输出而设置的_____、_____。 13. 内啮合齿轮泵由_____、_____、_____、_____等组成。				

二、根据下列图例,按要求完成相关信息

1. 写出下图液力变矩器模型中,直线所指的各部分的名称。

2. 写出图中两种单向离合器的名称。

3. 写出下列自动变速器图中,直线所指的零件或总成的名称。

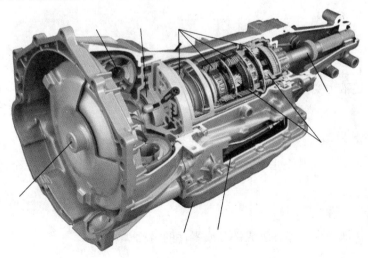

资讯	4. 写出下列内啮合齿轮泵原理图中,直线所指的零件或部件的名称。		
计划与决策	实施计划	实施步骤	仪器与工量具
		1.	
		2.	
		3.	
		4.	
		5.	
		6.	
		7.	
		8.	
	注意事项		
实施	一、描述液力变矩器的作用 描述情况为: 准确无误□　　基本正确□　　部分正确□　　少量正确□　　全部错误□ 二、指认液力变矩器各组成部分或零件的名称		

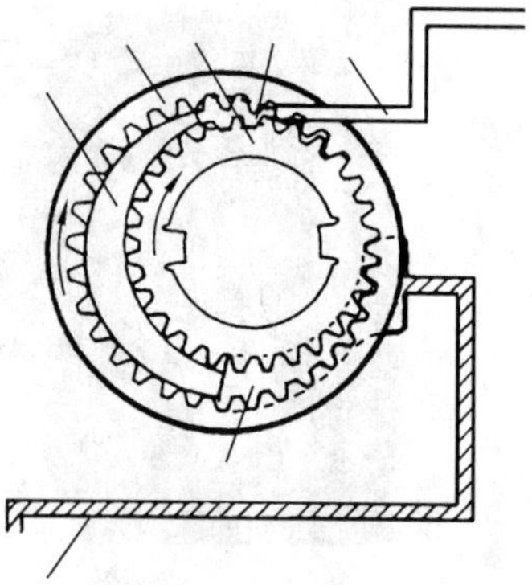

实施	指认正确的有： 泵轮□　　导轮□　　涡轮□　　锁止离合器□ 壳体□　　驱动接口□ 三、描述液力变矩器的工作原理 描述情况为： 准确无误□　　基本正确□　　部分正确□　　少量正确□　　全部错误□
检查与评估	**检查监督** □6S管理　　□过程完整　　□操作规范 □数据正确　　□现场恢复　　□其他异常情况： **过程考核** | 姓名	步骤一 （30%）	步骤二 （30%）	步骤三 （40%）
---	---	---	---
				  实训小结

任务 6.1 汽车典型钢材类零件

姓名		课时		班级	
实训场地		学生组号		日期	
任务目标	了解碳钢、合金钢的性能和特点；了解钢材类零件在汽车上的应用。					
任务描述	某店配件车间现在有一批钢材类零件，小王需要识别零件的名称，写出相应零件由何种材料制成，叙述该材料零件的组织特点。					
实训设备						
资讯	一、填空题 1. 碳素钢简称碳钢(也称为非合金钢)，它是碳含量小于_____的铁碳合金。 2. （填写有益或有害）锰是钢的_____元素，硅是钢的_____元素，硫是钢的_____元素，磷是钢的_____元素。 3. 钢中的_____元素使钢材在加热时变得极脆，出现"热脆"现象。必须严格控制它在钢中的质量分数，一般小于_____。 4. 钢按碳的质量分数可分为低碳钢、中碳钢、高碳钢，其中低碳钢 $W_C ≤$ _____，中碳钢_____$< W_C ≤$_____，高碳钢 $W_C >$_____。 5. 钢按其质量(S、P 含量)可分为：_____、_____、_____、_____。 6. 钢按其应用可分为：_____和_____。 7. 由于普通碳素结构钢碳的质量分数较_____，而硫、磷等有害成分含量较_____，故强度不够高。 8. 汽车传动轴支架、发动机前后支架、后视镜支架应用的是_____类型的钢材。 9. 汽车曲轴齿轮、飞轮齿轮、万向节叉、离合器从动盘、连杆等应用的是_____类型的钢材。 10. _____是冶炼后直接铸造形成的钢种。 11. 汽车的变速器壳、机车车辆的车钩和万向节应用的是_____类型的钢材。 12. _____是指在碳素钢的基础上，为了改善钢的某些性能，在冶炼时有目的地加入一些合金元素炼成的钢。 13. 合金结构钢是在优质碳素结构钢或高级优质碳素结构钢的基础上加入适量_____的钢。 二、选择题 1. 汽车发动机曲轴最常用的金属材料可以选择(　　)。 　　A. 45 钢和 45Cr　　　B. HT150　　　C. 50CrMn　　　D. 铝合金					

资讯	2. 根据曲轴的外观形状可以判断其制造工艺是（　　）。 　A. 焊接　　　　B. 锻造　　　　C. 车削　　　　D. 铸造 3. 根据曲轴的使用要求及制造工艺,它应该采用（　　）热处理工艺。 　A. 退火　　　　B. 回火　　　　C. 表面淬火　　D. 渗碳 三、写出下列材料牌号的含义 Q235 A F 　　│　│　│ 　　│　│　（　　　　　　） 　　│　（　　　　　　） 　（　　　　　　） 45 │ （　　　　　　　　） ZG 200-400 　│　　│ 　│　（　　　　　） 　│　（　　　　　） 　（　　　　　） 60 Si2 Mn │　│　│ │　│　（　　　　　） │　（　　　　　） （　　　　　）

		实施步骤	仪器与工量具
计划与决策	实施计划	1. 2. 3. 4. 5. 6. 7. 8. 9. 10.	
	任务分工	职责　组长/记录　主操作　辅操作　仪器管理　6S管理　质检 姓名	
	注意事项		

实施	1. 连接下列零件与材料（连线）。  合金弹簧钢　　滚动轴承钢　　优质碳素合金钢　　普通碳素结构钢　　合金调质钢 2. 完成下表。 <table><tr><td>零件</td><td>材料种类及牌号</td><td>使用性能要求</td></tr><tr><td>缸体、缸盖</td><td></td><td>强度、刚度、尺寸稳定性</td></tr><tr><td>缸套</td><td></td><td>耐磨性、耐热性</td></tr><tr><td>活塞销</td><td></td><td>强度、冲击韧性、耐磨性</td></tr><tr><td>气门弹簧</td><td></td><td>疲劳强度</td></tr><tr><td>传动轴</td><td></td><td>强度、刚度、韧性</td></tr></table> 3. 什么是调质热处理？
检查与评估	检查监督：□6S管理　□分工合理　□过程完整　□操作规范 　　　　　□数据正确　□现场恢复　□其他异常情况：
	过程考核<table><tr><td rowspan="2">过程考核评价</td><td colspan="3">组长考核个人</td></tr><tr><td>A</td><td>B</td><td>C</td></tr><tr><td rowspan="3">教师考核小组</td><td>A</td><td>90～100</td><td>80～89</td><td>70～79</td></tr><tr><td>B</td><td>80～89</td><td>70～79</td><td>60～69</td></tr><tr><td>C</td><td>70～79</td><td>60～69</td><td>不合格</td></tr></table>个人最终成绩：

检查与评估	实训小结	

任务6.2 汽车典型铸铁类零件

姓名		课时		班级	
实训场地		学生组号		日期	
任务目标	了解铸铁的分类、成分与特点；掌握铸铁类材料在汽车上的应用。					
任务描述	某汽车零件生产车间有一批零件，小王想从中选择铸铁类零件，并且想知道该铸铁类零件属于白口铸铁、灰口铸铁还是麻口铸铁。					
实训设备						
资讯	一、填空题 1. 普通灰铸铁、可锻铸铁、球墨铸铁及蠕墨铸铁中石墨的形态分别为＿＿＿＿＿、＿＿＿＿＿、＿＿＿＿＿和＿＿＿＿＿。 2. ＿＿＿＿＿铸铁的端口呈灰黑色。 3. 从灰铸铁的牌号可以看出它的＿＿＿＿＿指标。 4. 用于制造柴油机曲轴、减速箱齿轮及轧钢机轧辊的铸铁为＿＿＿＿＿。 5. 铸铁中＿＿＿＿＿的过程称为石墨化，影响石墨化的主要因素有＿＿＿＿＿和＿＿＿＿＿。 6. 常用的回火方法有低温回火、＿＿＿＿＿和＿＿＿＿＿。 7. 金属的机械性能主要包括强度、硬度、塑性、韧性、疲劳强度等指标，其中衡量金属材料在静载荷下的机械性能的指标有、＿＿＿＿＿、＿＿＿＿＿、＿＿＿＿＿。 8. 汽车发动机曲轴应用的是＿＿＿＿＿类型的铸铁。 9. 金属的断裂形式有＿＿＿＿＿和＿＿＿＿＿两种。 10. 铸铁是含碳量＿＿＿＿＿的铁碳合金。 11. 铸铁的含碳量在＿＿＿＿＿之间。当这些碳以渗碳体的形式存在时，该铸铁称为＿＿＿＿＿，以片状石墨的形态存在时，称为＿＿＿＿＿。 12. 根据碳的存在形式，铸铁可分为＿＿＿＿＿、＿＿＿＿＿和＿＿＿＿＿。 13. 根据铸铁中石墨的形态，铸铁可分为＿＿＿＿＿、＿＿＿＿＿、＿＿＿＿＿和＿＿＿＿＿。					

资讯	二、写出下列零件的名称及材料

名称：_____　　　　　　名称：_____

材料：_____　　　　　　材料：_____

名称：_____　　　　　　名称：_____

材料：_____　　　　　　材料：_____

计划与决策	实施计划	实施步骤	仪器与工量具
		1.	
		2.	
		3.	
		4.	
		5.	
		6.	
		7.	
		8.	
		9.	
		10.	
	任务分工	职责	组长/记录	主操作	辅操作	仪器管理	6S管理	质检
		姓名						
	注意事项							

一、连线题

1. 连接下列零件与名称。

曲轴　　　　　　　　　　变速箱体　　　　　　　　气缸盖

2. 连接下列常用材料和牌号。

HT250　　　　　　　珠光体可锻铸铁

KTH350-10　　　　　黑心可锻铸铁

KTZ500-04　　　　　蠕墨铸铁

QT600-02　　　　　　灰口铸铁

RuT420　　　　　　　球墨铸铁

二、综述题

用 20CrMnTi 制造汽车变速齿轮,要求齿面硬度 HRC58～60,中心硬度 HRC30～45,试写出加工工艺路线,并说明各热处理的作用和目的。

检查监督	□6S 管理　□分工合理　□过程完整　□操作规范　 □数据正确　□现场恢复　□其他异常情况：			
过程考核	过程考核评价	组长考核个人		
		A	B	C
	教师考核小组　A	90～100	80～89	70～79
	教师考核小组　B	80～89	70～79	60～69
	教师考核小组　C	70～79	60～69	不合格
	个人最终成绩：			

检查与评估	实训小结	

任务 6.3 汽车典型有色金属类零件

姓名		课时		班级	
实训场地		学生组号		日期	
任务目标	了解铝合金、铜及铜合金以及滑动轴承合金的性能和特点；了解有色金属零件在汽车上的应用。				
任务描述	现在需要小王拆卸发动机，识别零件的名称，找出有色金属零件，叙述有色金属零件的组织特点。				
实训设备					
资讯	一、填空题 1. 通常把铁和_____合金叫黑色金属，把黑色金属以外的其他金属都叫_____金属。 2. 汽车发动机的重要零件活塞，就是由_____合金制造的。另外，某些汽车的气缸体、气缸盖也是用_____合金制成的。 3. 纯铝是_____色的金属，其纯度为98%～99.7%，熔点为660 ℃，导电性_____，导热性好，有良好的耐腐蚀性，塑性高，但强度、硬度_____，可以进行冷、热压力加工。 4. 纯铝用 L1，L2，…，L7 表示，数字越大，表示纯度越_____，性能越_____。 5. 铝合金就是在纯铝中加入适量的_____、_____、_____、_____等元素后组成的合金。若进行冷加工或热处理，强度、硬度更_____。 6. 铝合金按其成分和工艺特点分为变形铝合金和_____铝合金两类。 7. 工业用纯铜，纯度为99.5%～99.95%，通常呈_____色，又称_____铜。 8. 纯铜具有优良的_____性、_____性、_____性、_____性和焊接性能，又有一定的强度。 9. 工业纯铜的代号用"T"和顺序号表示，共有3个代号，即T1、T2、T3，其后数字越大，纯度越_____。 10. 铜合金按加入元素可分为黄铜、_____铜和_____铜。在机械生产中普遍使用的铜合金是_____铜和_____铜。 11. 轴承是机器上的重要零件，目前机器中使用的轴承有滚动轴承和_____轴承两类。 12. 在滑动轴承中，用于制造轴瓦及内衬的合金材料称_____合金。				

13. 在汽车上,高速、重载下的重要轴承采用_____基轴承合金,中等负荷的轴承采用_____基轴承合金,用于压力与速度较大场合的汽车、内燃机车轴承采用_____基轴承合金,用于承受高载荷、高速度及高温下工作的轴承采用_____基轴承合金。

二、选择题

1. 汽车气缸垫最常用的金属材料可以选择(　　)。

　　A. 铜合金　　　　B. 球墨铸铁　　　C. 碳钢　　　　D. 铝合金

2. 汽车曲轴轴瓦最常用的主要金属材料可以选择(　　)。

　　A. 铜合金　　　　B. 铝合金　　　　C. 轴承合金　　D. 碳素钢

3. 下列哪个零件可以由铝合金材料制成?(　　)

　　A. 刹车片　　　　B. 曲轴　　　　　C. 进气门　　　D. 气缸盖

三、识别下列零件并写出名称

名称:_____

名称:_____

名称:_____

名称:_____

		实施步骤					仪器与工量具	
计划与决策	实施计划	1. 2. 3. 4. 5. 6. 7. 8. 9. 10.						
	任务分工	职责 姓名	组长/记录	主操作	辅操作	仪器管理	6S管理	质检
	注意事项							

实施

1. 连接下列零件与材料。

    铜合金   铝合金   轴承合金

2. 宝马直列6缸发动机的缸体采用了复合镁铝合金材料,请阐述复合镁铝合金能带来哪些好处。

检查监督	☐6S 管理　　☐分工合理　　☐过程完整　　☐操作规范 ☐数据正确　　☐现场恢复　　☐其他异常情况：			
过程考核	过程考核评价	组长考核个人		
		A	B	C
	教师考核小组　A	90～100	80～89	70～79
	教师考核小组　B	80～89	70～79	60～69
	教师考核小组　C	70～79	60～69	不合格
	个人最终成绩：			
检查与评估	实训小结			

任务6.4 标准件的测绘

姓名		课时		班级	
实训场地		学生组号		日期	
任务目标	掌握标准件类型、名称、参数,能够查询标准件手册,能够绘制标准件。				
任务描述	备件库里有一批螺栓、螺母、滚动轴承,因没有记录、标注,无法得知其类型和参数,请实测该批标准件,查得其参数,并按规定画法绘制零件图。				
实训设备	标准件一批、游标卡尺、螺纹规、标准件手册				
资讯	一、填空题 1. 按照螺纹所处的位置表面分类,螺纹可分为_____螺纹和_____螺纹。 2. 按照螺纹牙型分类,螺纹可分为_____螺纹、_____螺纹、_____螺纹、_____螺纹等,常用作连接的螺纹是_____螺纹和_____螺纹。 3. 螺纹的主要参数有_____、_____、_____、_____、_____等。 4. 螺纹的公称直径是指它的_____。 5. 特征代号为 M 的是_____螺纹。 6. 螺纹连接的类型有_____连接、_____连接、_____连接、_____连接等。 7. 代号为 M20-6H-S 的螺纹,它的公称直径是_____。 8. 按照螺距不同,螺纹可以分为_____螺纹和_____螺纹。 9. 代号为 M10×0.75 的螺纹,它的大径是_____,螺距是_____。 10. 滚动轴承由_____、_____、_____、_____四个基本元件组成。 11. 按照滚动体分类,滚动轴承可分为_____轴承、_____轴承、_____轴承、_____轴承、_____轴承等。 12. 按照可以承受的载荷分类,滚动轴承可分为_____轴承、_____轴承、_____轴承。 13. 类型代号为 6 的是_____轴承,类型代号为 7 的是_____轴承。 14. 某轴承代号为 6206,它是_____轴承,它的内径是_____mm。 15. 某轴承代号为 70216AC,它是_____轴承,它的内径是_____mm,它的公称接触角是_____。 16. 拆轴承需要使用的工具是_____、_____等。 17. 装轴承需要使用的工具是_____、_____等。 18. 预紧螺栓和螺母连接到规定扭矩,所需要使用的工具是_____。				

二、根据下列图例,按要求完成相关信息

1. 在图中标出该内螺纹的牙顶、牙底、螺距、大径、中径、小径。

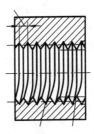

2. 写出以下螺纹件的名称。

实施步骤	仪器与工量具
1.	
2.	
3.	
4.	
5.	
6.	
7.	
8.	
9.	
10.	

资讯

计划与决策 — 实施计划

注意事项

一、标准件基本信息

　　标准件名称：

二、测绘螺纹件及查询手册

1. 测量步骤：

2. 测量结果：

大径	小径	螺纹部分长度	全长	螺距

3. 查询手册。

该螺纹的代号是：

4. 绘制该螺纹件的零件图,并标注尺寸。

三、测绘轴承及查询手册

1. 测量步骤：

	2. 测量结果：		
	内径	外径	宽度

实施

3. 查询该轴承的参数并填写下表。

轴承代号	
轴承名称	
最大静载 C_r	
最大动载荷 C_{or}	
脂润滑转速	
油润滑转速	
重量	

检查监督

□6S 管理　　□分工合理　　□过程完整　　□操作规范
□数据正确　　□现场恢复　　□其他异常情况：

检查与评估

过程考核

过程考核评价		组长考核个人		
		A	B	C
教师考核小组	A	90～100	80～89	70～79
	B	80～89	70～79	60～69
	C	70～79	60～69	不合格
个人最终成绩：				

实训小结

任务 7.1 常用测量工具的使用

姓名		课时		班级	
实训场地		学生组号		日期	
任务目标	掌握常用测量工具的使用方法,能用常用测量工具测量气门弹簧和气缸盖。				
任务描述	车间有气缸盖和气门弹簧需要检测,观测和拆卸发动机,运用测量工具对气门弹簧和气缸盖进行检测。检测气缸盖平面度和气门弹簧的垂直度,以便确认气缸盖平面度和气门弹簧垂直度是否合格。				
实训设备	实训车或发动机台架、维修手册、直角尺、塞尺、刀口尺				
资讯	一、填空题 1. 钢直尺是最基本的测量工具,它一般用于精度要求_____的测量。在所有的测量工具中,钢直尺的精确度最_____。 2. 使用金属直尺时,要以端边的"_____"刻线作为测量基准,这样在测量时不仅容易找到测量基准,而且便于读数和记数。 3. 用金属直尺测量圆柱体的截面直径时,金属直尺的端边要与被测面的边缘_____,然后左右摆动金属直尺,找出最_____尺寸,即为所测圆柱体截面直径。 4. 在汽车维修中,主要使用_____测量长度超过 1 m 的零件。 5. _____在汽车维修中,可测量气门弹簧的倾斜度是否超出规范。 6. 厚薄规也叫_____或_____,是由一组淬硬的钢片组成的,这些淬硬钢片被研磨或滚压成精确的厚度,它们通常都是成套供应。 7. _____主要用于测量零件接合面之间的间隙大小。 8. 使用塞尺测量时,根据间隙的大小,可用一片或数片重叠在一起插入间隙内,插入深度应在_____ mm 左右。 9. 用 0.2 mm 的塞尺片刚好能插入两工件的缝隙中,而 0.3 mm 的塞尺片不能插入,说明两工件的接合间隙为_____ mm。 二、根据下列图例,按要求完成相关信息 在右侧横线上写出图中测量工具的名称。 名称_____ 名称_____				

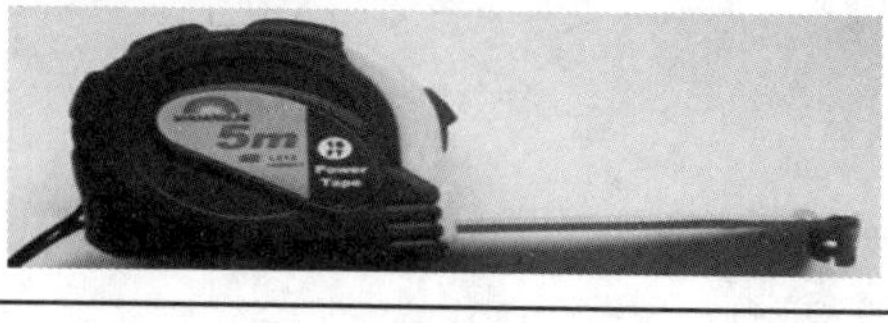

资讯	倾斜度 气门弹簧 名称_____ 0.1 0.2 0.3 0.4 0.5 0.6 0.7 0.8 0.9 名称_____	

计划与决策	实施计划	实施步骤	仪器与工量具
		1.	
		2.	
		3.	
		4.	
		5.	
		6.	
		7.	
		8.	
		9.	
		10.	
	注意事项		

实施

一、准备工作

1. 检查工具、量具、维修手册,看是否准备就绪;
2. 查阅维修手册,确定发动机拆卸程序及步骤。

| 实施 | 二、测量气缸盖的平面度
　　1. 拆卸步骤：

　　2. 使用塞尺和刀口尺测量气缸盖的平面度。
　　测量位置与测量结果记录：

三、测量气门弹簧的垂直度
　　1. 拆卸气门弹簧步骤：

　　2. 使用直角尺测量气门弹簧的垂直度。
　　测量结果：

四、测量后清洁量具、被测零件，安装，并整理工位
　　整理结果： |

检查监督	☐6S 管理　　☐分工合理　　☐过程完整　　☐操作规范 ☐数据正确　　☐现场恢复　　☐其他异常情况：			
过程考核	过程考核评价	组长考核个人		
		A	B	C
	教师考核小组　A	90～100	80～89	70～79
	教师考核小组　B	80～89	70～79	60～69
	教师考核小组　C	70～79	60～69	不合格
	个人最终成绩：			

检查与评估	实训小结	

任务 7.2　游标卡尺的使用

姓名		课时		班级	
实训场地		学生组号		日期	
任务目标	掌握游标卡尺的使用，能用游标卡尺测量气门弹簧的长度。				
任务描述	现在车间有一辆待修车辆，需要测量其气门弹簧的自由长度，并确定气门弹簧是否合格。				
实训设备	实训车或发动机台架、维修手册、游标卡尺				
资讯	一、填空题 1. 游标卡尺简称为＿＿＿＿＿，可用于测量＿＿＿＿＿、＿＿＿＿＿、＿＿＿＿＿、＿＿＿＿＿和＿＿＿＿＿。 2. 游标卡尺的分度值有两种，分别是＿＿＿＿＿ mm 和＿＿＿＿＿ mm。它们的区别在于：游标上有 50 个刻度的表示每一刻度为＿＿＿＿＿ mm，游标上有 20 个刻度的表示每一刻度为＿＿＿＿＿ mm。汽车维修中常用的游标卡尺规格为＿＿＿＿＿ mm。 3. 使用游标卡尺时，把要测量的物件放在＿＿＿＿＿之间，轻轻移动滑动量爪，直到两个爪子都＿＿＿＿＿被测物件为止，拧紧＿＿＿＿＿，这时可从刻度尺上直接读出测量值。 二、判断题 1. 测量前，应将游标卡尺清理干净，并将两量爪合拢，检查游标卡尺的精度情况，在使用之后应清除灰尘和杂物。（　　） 2. 测量时，工件与游标卡尺要对正，测量位置要准确，两量爪要与被测工件表面贴合，两量爪与工件接触面必须压紧。（　　） 3. 读数时，要正对游标刻度线，看准对齐的刻度线，目光不能斜视，以减少读数误差。（　　） 4. 如果游标卡尺已受潮，在使用后可涂少量的润滑油在上面。（　　） 5. 可以把游标卡尺放在温度高的地方，不会影响它的精度。（　　） 6. 可以把游标卡尺作为钳子使用。（　　） 二、根据下列图例，按要求完成相关信息 1. 写出图中直线所指部件的名称。					

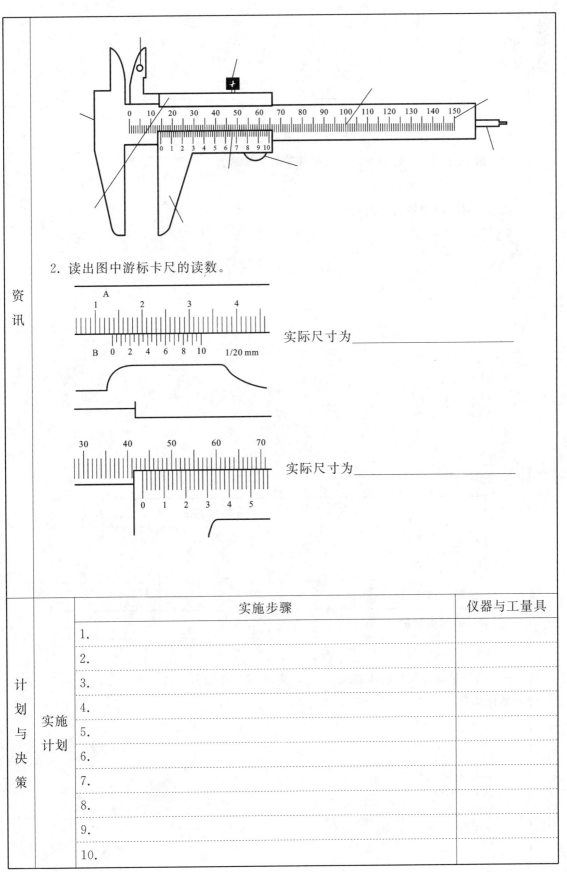

2. 读出图中游标卡尺的读数。

实际尺寸为_____

实际尺寸为_____

	实施步骤	仪器与工量具
实施计划	1.	
	2.	
	3.	
	4.	
	5.	
	6.	
	7.	
	8.	
	9.	
	10.	

资讯

计划与决策

计划与决策	注意事项	

实施

一、准备工作

1. 检查工具、量具、维修手册,看是否准备就绪;
2. 查阅维修手册,确定发动机气门弹簧拆卸步骤。

二、测量气门弹簧的自由长度

1. 拆卸气门弹簧步骤:

2. 测量步骤:

3. 测量结果:

	主刻度尺刻度	游标尺刻度	实际尺寸
第一次测量			
第二次测量			
第三次测量			
第四次测量			

最终实际尺寸:_____ mm。

三、清洁量具以及被测物,安装气门弹簧,并整理工位

整理结果:

检查与评估	检查监督	□6S 管理　　□分工合理　　□过程完整　　□操作规范 □数据正确　　□现场恢复　　□其他异常情况：			
	过程考核	过程考核评价	组长考核个人		
			A	B	C
		教师考核小组　A	90～100	80～89	70～79
		B	80～89	70～79	60～69
		C	70～79	60～69	不合格
		个人最终成绩：			
	实训小结				

任务 7.3 千分尺测量凸轮轴轴径

姓名		课时		班级	
实训场地		学生组号		日期	
任务目标	掌握千分尺的使用,能用千分尺测量凸轮轴轴径。					
任务描述	车间内现有凸轮轴需要检测,利用所给量具检测凸轮轴的外径,查阅维修手册,确认凸轮轴轴径是否合格。					
实训设备	凸轮轴、千分尺、维修手册					
资讯	一、填空题 1. 千分尺是一种精密量具,也称_____,精密度比游标卡尺要_____,测量精度可以达到_____mm,而且比较灵敏。 2. 千分尺有_____千分尺和_____千分尺两种,千分尺可用来测量零件的内径、外径和厚度等。 3. 从读数方式来看,常用的外径千分尺有_____式、_____式和_____式三种类型。 4. 使用千分尺时,把要测量的物件放在_____和_____的端面之间进行测量。 二、根据下列图例,按要求完成相关信息 1. 写出图中直线所指部件的名称。 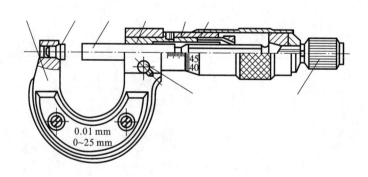					

资讯	2. 读出下图千分尺的测量值。 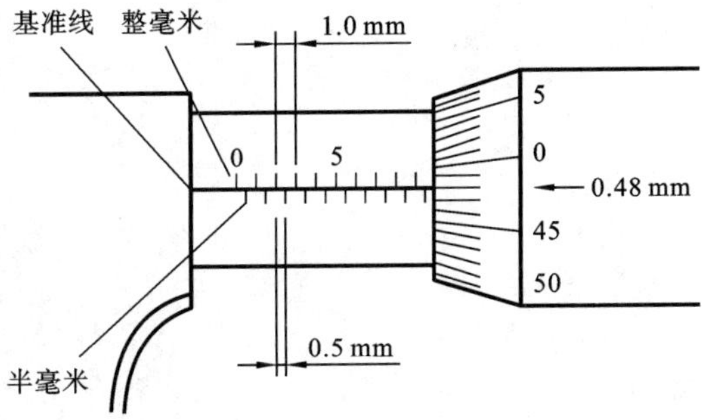 实际尺寸＝主刻度尺整毫米刻度＋主刻度尺半毫米刻度＋微分筒刻度 其中：主刻度尺整毫米刻度＝_____ mm； 　　　主刻度尺半毫米刻度＝_____ mm； 　　　微分筒刻度＝_____ mm。 则：实际尺寸＝_____ mm。
计划与决策	<table><tr><th colspan="2">实施步骤</th><th>仪器与工量具</th></tr><tr><td rowspan="10">实施计划</td><td>1.</td><td></td></tr><tr><td>2.</td><td></td></tr><tr><td>3.</td><td></td></tr><tr><td>4.</td><td></td></tr><tr><td>5.</td><td></td></tr><tr><td>6.</td><td></td></tr><tr><td>7.</td><td></td></tr><tr><td>8.</td><td></td></tr><tr><td>9.</td><td></td></tr><tr><td>10.</td><td></td></tr><tr><td>注意事项</td><td colspan="2"></td></tr></table>
实施	一、准备工作 1. 检查工具、量具、维修手册，看是否准备就绪； 2. 查阅维修手册，确定发动机凸轮轴拆卸步骤。

二、拆卸发动机凸轮轴

拆卸步骤：

三、测量凸轮轴轴径

1. 测量步骤：

2. 测量结果：

	主刻度尺整毫米刻度	主刻度尺半毫米刻度	微分筒刻度	实际尺寸
第一次测量				
第二次测量				
第三次测量				
第四次测量				

最终实际尺寸：_____ mm。

3. 查询该凸轮轴的参数，允许尺寸为_____，此次测量的凸轮轴尺寸是否正常？_____。

四、测量后清洁量具、被测零件，安装凸轮轴，并整理工位

整理结果：

检查与评估	检查监督	☐6S 管理　　☐分工合理　　☐过程完整　　☐操作规范 ☐数据正确　　☐现场恢复　　☐其他异常情况：			
	过程考核	过程考核评价	组长考核个人		
			A	B	C
		教师考核小组　A	90～100	80～89	70～79
		教师考核小组　B	80～89	70～79	60～69
		教师考核小组　C	70～79	60～69	不合格
		个人最终成绩：			
	实训小结				

任务7.4 百分表的使用

姓名		课时		班级	
实训场地		学生组号		日期	
任务目标	掌握量缸表的使用,能用量缸表测量气缸缸径。					
任务描述	车间内有待修车辆,行走时排气管冒蓝烟,需要对汽车发动机缸径进行检测,小王负责测量气缸的缸径,如果你是小王,该如何完成该任务?					
实训设备	量缸表、游标卡尺、千分尺、维修手册					
资讯	一、填空题 1. 内径百分表又称_____,是利用_____表制成的测量仪器,也是用于测量孔径的比较性测量工具。 2. 在汽车维修中,量缸表通常用于测量_____的磨损量及内径。 3. 百分表是测量精度可以达到_____mm的齿轮传动式测微量具。 4. 测杆伸长时,表针_____时针转动,读数为正值;测杆缩短时,表针_____时针转动,读数为负值。 二、根据下列图例,按要求完成相关信息 1. 写出图中直线所指部件的名称。 (1)百分表。 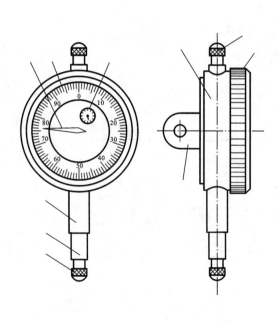					

(2) 量缸表。

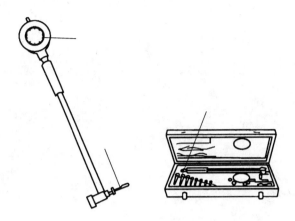

2. 读出下图所示百分表的测量值。

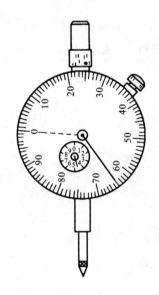

实际尺寸＝小指针刻度＋大指针刻度×0.01

其中:小指针刻度＝_____ mm;

大指针刻度＝_____ mm。

实际尺寸＝_____ mm。

		实施步骤	仪器与工量具
计划与决策	实施计划	1. 2. 3. 4. 5. 6. 7. 8. 9. 10.	
	注意事项		

实施

一、准备工作

1. 检查工具、量具、维修手册,看是否准备就绪;

2. 查阅维修手册,确定发动机气缸的测量位置。

二、组装量缸表并调零

(1) 组装量缸表步骤:

(2) 量缸表调零步骤:

三、测量气缸缸径

1. 测量步骤:

	2. 测量结果：					
		项目		检测记录			
				第一缸	第二缸	第三缸	第四缸
		纵向	上				
			中				
			下				
实施		横向	上				
			中				
			下				
		圆度（最大）					
		圆柱度					

圆度＝（最大测量值－最小测量值）/2　（同一截面）

圆柱度＝（最大测量值－最小测量值）/2　（所有数据）

3. 查询该发动机维修手册的参数，允许圆度为_____，此次测量的发动机缸径尺寸是否正常？_____。

四、测量后清洁量具、被测零件并整理工位

整理结果：

检查监督	□6S 管理　　□分工合理　　□过程完整　　□操作规范 □数据正确　　□现场恢复　　□其他异常情况：			
过程考核	过程考核评价	组长考核个人		
		A	B	C
	教师考核小组　A	90～100	80～89	70～79
	教师考核小组　B	80～89	70～79	60～69
	教师考核小组　C	70～79	60～69	不合格
	个人最终成绩：			

（检查与评估）

检查与评估	实训小结	

任务 8.1　维修手册的使用

姓名		课时		班级	
实训场地		学生组号		日期	
任务目标	学习汽车维修手册基础内容并熟悉汽车维修手册使用方法。					
任务描述	小王刚刚入职,不了解维修手册的使用,作为维修技师的你,能否帮助他熟悉并熟练地使用维修手册呢?					
实训设备	实训车辆和与之匹配的维修手册					
资讯	一、填空题 1. 维修手册一般由＿＿＿＿指定出版发行,是车辆＿＿＿＿的作业指导书。 2. 维修手册的合理使用,能帮助＿＿＿＿安全、＿＿＿＿车辆,为客户提供更好的服务。 3. 汽车厂商提供的维修手册是为＿＿＿＿编写的,如果维修人员未经适当的培训,或没有专业的＿＿＿＿,而试图进行＿＿＿＿,就达不到理想的维修效果。 4. 上汽通用雪佛兰科鲁兹汽车维修手册大体上包括＿＿＿＿和＿＿＿＿两大部分。 5. 维修手册的序言主要包括＿＿＿＿、＿＿＿＿、危险、＿＿＿＿和告诫等一般性内容。 6. 上汽通用雪佛兰科鲁兹汽车维修手册正文一般分为＿＿＿＿章。 7. 了解和掌握维修手册的＿＿＿＿和＿＿＿＿,是快速、准确查阅维修手册的前提。 8. 在维修手册的规格里可以查找紧固件＿＿＿＿、＿＿＿＿、油液、润滑剂和＿＿＿＿的种类及加注量,系统相关技术参数等。 9. 维修手册的示意图和布线图可以帮助维修人员查找系统的＿＿＿＿和部件布置示意图。 10. 在维修手册中部件定位图可以帮助维修人员确定＿＿＿＿在车上或总成上的位置。 11. 在维修手册中诊断信息和程序可查找＿＿＿＿和＿＿＿＿的诊断策略和检修步骤。 12. 在维修手册中维修指南分为＿＿＿＿维修指南和车下维修指南。 13. 车下维修指的是此操作需要将相关＿＿＿＿从车上拆下来后在工作车间进行。 14. 维修人员通过维修指南可以查找零部件的＿＿＿＿、零部件的＿＿＿＿、零部件的＿＿＿＿与＿＿＿＿等程序维修指南在目录中的位置。					

<table>
<tr><td rowspan="6">资讯</td><td colspan="2">

15. 维修手册中,在说明与操作里,详细介绍了一些系统拆装维修人员可以查找相关系统或_____的工作原理及操作方法。

16. 专用工具和设备总结了该章节维修中需要的专用工具和设备名称及图示,不涉及_____的使用方法。

17. 维修通讯的主要内容有标题信息、_____、检修措施、_____、工时信息等。

18. 在维修通讯中情况描述主要是_____。

19. 在维修通讯中工时信息可以查询到完成该通讯的_____、_____、时间、适用车型等。

20. 在上汽通用雪佛兰科鲁兹汽车维修手册中,暖风、通风与空调系统属于第_____章。

</td></tr>
</table>

计划与决策	实施计划	实施步骤	仪器与工量具
		1.	
		2.	
		3.	
		4.	
		5.	
		6.	
		7.	
		8.	
		9.	
		10.	
	注意事项		

实施	一、汽车基本信息
	登记汽车基本信息　　VIN:
	二、维修手册的查询
	1. 在维修手册的规格中查询出该车辆发动机的相关数值。

	项目	标准值
实施	气门	
	排量	
	缸径	
	行程	
	压缩比	
	气缸体高度	
	冷却系统容量	
	节温器打开-电气	
	曲轴主轴承轴颈1-5直径-标准尺寸	
	进气门标准长度	

2. 在维修手册的紧固件的紧固规格中查询出该车辆发动机的相关数值。

项目	扭矩
凸轮轴盖螺栓	
连杆轴承盖螺栓	
曲轴平衡器螺栓	
曲轴轴承盖螺栓	
发动机机油冷却器螺栓	
爆震传感器螺栓	
火花塞	

检查与评估	检查监督	□6S管理　　□分工合理　　□过程完整　　□操作规范 □数据正确　　□现场恢复　　□其他异常情况：

		过程考核评价	组长考核个人		
检查与评估	过程考核		A	B	C
		教师考核小组　A	90～100	80～89	70～79
		教师考核小组　B	80～89	70～79	60～69
		教师考核小组　C	70～79	60～69	不合格
		个人最终成绩：			

检查与评估	实训小结	